HINDI
VOCABULÁRIO

PALAVRAS MAIS ÚTEIS

PORTUGUÊS HINDI

Para alargar o seu léxico e apurar as suas competências linguísticas

5000 palavras

Vocabulário Português-Hindi - 5000 palavras

Por Andrey Taranov

Os vocabulários da T&P Books destinam-se a ajudar a aprender, a memorizar, e a rever palavras estrangeiras. O dicionário é dividido em temas, cobrindo todas as principais esferas de atividades quotidianas, negócios, ciência, cultura, etc.

O processo de aprendizagem, utilizando os dicionários baseados em temáticas da T&P Books dá-lhe as seguintes vantagens:

- Informação de origem corretamente agrupada predetermina o sucesso em fases subsequentes da memorização de palavras
- Disponibilização de palavras derivadas da mesma raiz, o que permite a memorização de unidades de texto (em vez de palavras separadas)
- Pequenas unidades de palavras facilitam o processo de estabelecimento de vínculos associativos necessários para a consolidação do vocabulário
- O nível de conhecimento da língua pode ser estimado pelo número de palavras aprendidas

Copyright © 2019 T&P Books Publishing

Todos os direitos reservados. Nenhuma parte desta publicação pode ser reproduzida, total ou parcialmente, por quaisquer métodos ou processos, sejam eles eletrónicos, mecânicos, de fotocópia ou outros, sem a autorização escrita do editor. Esta publicação não pode ser divulgada, copiada ou distribuída em nenhum formato.

T&P Books Publishing
www.tpbooks.com

ISBN: 978-1-78616-580-0

Este livro também está disponível em formato E-book.
Por favor visite www.tpbooks.com ou as principais livrarias on-line.

VOCABULÁRIO HINDI
palavras mais úteis

Os vocabulários da T&P Books destinam-se a ajudar a aprender, a memorizar, e a rever palavras estrangeiras. O vocabulário contém mais de 5000 palavras de uso comum organizadas tematicamente.

O vocabulário contém as palavras mais comummente usadas
Recomendado como adicional para qualquer curso de línguas
Satisfaz as necessidades dos iniciados e dos alunos avançados de línguas estrangeiras
Conveniente para o uso diário, sessões de revisão e atividades de auto-teste
Permite avaliar o seu vocabulário

Características especias do vocabulário

- As palavras estão organizadas de acordo com o seu significado, e não por ordem alfabética
- As palavras são apresentadas em três colunas para facilitar os processos de revisão e auto-teste
- As palavras compostas são divididas em pequenos blocos para facilitar o processo de aprendizagem
- O vocabulário oferece uma transcrição simples e adequada de cada palavra estrangeira

O vocabulário contém 155 tópicos incluindo:

Conceitos básicos, Números, Cores, Meses, Estações do ano, Unidades de medida, Roupas & Acessórios, Alimentos & Nutrição, Restaurante, Membros da Família, Parentes, Caráter, Sentimentos, Emoções, Doenças, Cidade, Passeios, Compras, Dinheiro, Casa, Lar, Escritório, Trabalho no Escritório, Importação & Exportação, Marketing, Pesquisa de Emprego, Desportos, Educação, Computador, Internet, Ferramentas, Natureza, Países, Nacionalidades e muito mais ...

TABELA DE CONTEÚDOS

Guia de pronunciação	9
Abreviaturas	11

CONCEITOS BÁSICOS	12
Conceitos básicos. Parte 1	12
1. Pronomes	12
2. Cumprimentos. Saudações. Despedidas	12
3. Como se dirigir a alguém	13
4. Números cardinais. Parte 1	13
5. Números cardinais. Parte 2	14
6. Números ordinais	15
7. Números. Frações	15
8. Números. Operações básicas	15
9. Números. Diversos	15
10. Os verbos mais importantes. Parte 1	16
11. Os verbos mais importantes. Parte 2	17
12. Os verbos mais importantes. Parte 3	18
13. Os verbos mais importantes. Parte 4	19
14. Cores	19
15. Questões	20
16. Preposições	21
17. Palavras funcionais. Advérbios. Parte 1	21
18. Palavras funcionais. Advérbios. Parte 2	23

Conceitos básicos. Parte 2	24
19. Dias da semana	24
20. Horas. Dia e noite	24
21. Meses. Estações	25
22. Unidades de medida	27
23. Recipientes	28

O SER HUMANO	29
O ser humano. O corpo	29
24. Cabeça	29
25. Corpo humano	30

Vestuário & Acessórios	31
26. Roupa exterior. Casacos	31
27. Vestuário de homem & mulher	31

28. Vestuário. Roupa interior	32
29. Adereços de cabeça	32
30. Calçado	32
31. Acessórios pessoais	33
32. Vestuário. Diversos	33
33. Cuidados pessoais. Cosméticos	34
34. Relógios de pulso. Relógios	35

Alimentação. Nutrição 36

35. Comida	36
36. Bebidas	37
37. Vegetais	38
38. Frutos. Nozes	39
39. Pão. Bolaria	40
40. Pratos cozinhados	40
41. Especiarias	41
42. Refeições	42
43. Por a mesa	42
44. Restaurante	43

Família, parentes e amigos 44

45. Informação pessoal. Formulários	44
46. Membros da família. Parentes	44

Medicina 46

47. Doenças	46
48. Sintomas. Tratamentos. Parte 1	47
49. Sintomas. Tratamentos. Parte 2	48
50. Sintomas. Tratamentos. Parte 3	49
51. Médicos	50
52. Medicina. Drogas. Acessórios	50

HABITAT HUMANO 51
Cidade 51

53. Cidade. Vida na cidade	51
54. Instituições urbanas	52
55. Sinais	53
56. Transportes urbanos	54
57. Turismo	55
58. Compras	56
59. Dinheiro	57
60. Correios. Serviço postal	58

Moradia. Casa. Lar 59

61. Casa. Eletricidade 59

62. Moradia. Mansão	59
63. Apartamento	59
64. Mobiliário. Interior	60
65. Quarto de dormir	61
66. Cozinha	61
67. Casa de banho	62
68. Eletrodomésticos	63

ATIVIDADES HUMANAS	**64**
Emprego. Negócios. Parte 1	**64**
69. Escritório. O trabalho no escritório	64
70. Processos negociais. Parte 1	65
71. Processos negociais. Parte 2	66
72. Produção. Trabalhos	67
73. Contrato. Acordo	68
74. Importação & Exportação	69
75. Finanças	69
76. Marketing	70
77. Publicidade	70
78. Banca	71
79. Telefone. Conversação telefónica	72
80. Telefone móvel	72
81. Estacionário	73
82. Tipos de negócios	73

Emprego. Negócios. Parte 2	**76**
83. Espetáculo. Feira	76
84. Ciência. Investigação. Cientistas	77

Profissões e ocupações	**78**
85. Procura de emprego. Demissão	78
86. Gente de negócios	78
87. Profissões de serviços	79
88. Profissões militares e postos	80
89. Oficiais. Padres	81
90. Profissões agrícolas	81
91. Profissões artísticas	82
92. Várias profissões	82
93. Ocupações. Estatuto social	84

Educação	**85**
94. Escola	85
95. Colégio. Universidade	86
96. Ciências. Disciplinas	87
97. Sistema de escrita. Ortografia	87
98. Línguas estrangeiras	88

Descanso. Entretenimento. Viagens	90
99. Viagens	90
100. Hotel	90

EQUIPAMENTO TÉCNICO. TRANSPORTES	92
Equipamento técnico. Transportes	92
101. Computador	92
102. Internet. E-mail	93
103. Eletricidade	94
104. Ferramentas	94

Transportes	97
105. Avião	97
106. Comboio	98
107. Barco	99
108. Aeroporto	100

Eventos	102
109. Férias. Evento	102
110. Funerais. Enterro	103
111. Guerra. Soldados	103
112. Guerra. Ações militares. Parte 1	104
113. Guerra. Ações militares. Parte 2	106
114. Armas	107
115. Povos da antiguidade	109
116. Idade média	109
117. Líder. Chefe. Autoridades	111
118. Viloação da lei. Criminosos. Parte 1	112
119. Viloação da lei. Criminosos. Parte 2	113
120. Polícia. Lei. Parte 1	114
121. Polícia. Lei. Parte 2	115

NATUREZA	117
A Terra. Parte 1	117
122. Espaço sideral	117
123. A Terra	118
124. Pontos cardeais	119
125. Mar. Oceano	119
126. Nomes de Mares e Oceanos	120
127. Montanhas	121
128. Nomes de montanhas	122
129. Rios	122
130. Nomes de rios	123
131. Floresta	123
132. Recursos naturais	124

A Terra. Parte 2   126

133. Tempo   126
134. Tempo extremo. Catástrofes naturais   127

Fauna   128

135. Mamíferos. Predadores   128
136. Animais selvagens   128
137. Animais domésticos   129
138. Pássaros   130
139. Peixes. Animais marinhos   132
140. Amfíbios. Répteis   132
141. Insetos   133

Flora   134

142. Árvores   134
143. Arbustos   134
144. Frutos. Bagas   135
145. Flores. Plantas   136
146. Cereais, grãos   137

PAÍSES. NACIONALIDADES   138

147. Europa Ocidental   138
148. Europa Central e de Leste   138
149. Países da ex-URSS   139
150. Asia   139
151. América do Norte   140
152. América Central do Sul   140
153. Africa   140
154. Austrália. Oceania   141
155. Cidades   141

GUIA DE PRONUNCIAÇÃO

Letra	Exemplo Hindi	Alfabeto fonético T&P	Exemplo Português

Vogais

अ	अक्सर	[a]; [ɒ], [ə]	chamar; milagre
आ	आगमन	[a:]	rapaz
इ	इनाम	[i]	sinónimo
ई	ईश्वर	[i], [i:]	sinónimo
उ	उठना	[ʊ]	bonita
ऊ	ऊपर	[u:]	blusa
ऋ	ऋग्वेद	[r, rʲ]	abril
ए	एकता	[e:]	plateia
ऐ	ऐनक	[aj]	baixar
ओ	ओला	[o:]	albatroz
औ	औरत	[au]	produção
अं	अंजीर	[ŋ]	alcançar
अः	अ से अः	[h]	[h] aspirada
ऑ	ऑफिस	[ɒ]	chamar

Consoantes

क	कमरा	[k]	kiwi
ख	खिड़की	[kh]	[k] aspirada
ग	गरज	[g]	gosto
घ	घर	[gh]	[g] aspirada
ङ	डाकू	[ŋ]	alcançar
च	चक्कर	[tʃ]	Tchau!
छ	छात्र	[tʃh]	[tsch] aspirado
ज	जाना	[dʒ]	adjetivo
झ	झलक	[dʒ]	adjetivo
ञ	विज्ञान	[ɲ]	ninhada
ट	मटर	[t]	tulipa
ठ	ठेका	[th]	[t] aspirada
ड	डंडा	[d]	dentista
ढ	ढलान	[d]	dentista
ण	क्षण	[n]	O nasal retroflexo
त	ताकत	[t]	tulipa
थ	थकना	[th]	[t] aspirada
द	बरसात्रा	[d]	dentista
ध	धोना	[d]	dentista
न	नाई	[n]	natureza

Letra	Exemplo Hindi	Alfabeto fonético T&P	Exemplo Português
प	पिता	[p]	presente
फ	फल	[f]	safári
ब	बच्चा	[b]	barril
भ	भाई	[b]	barril
म	माता	[m]	magnólia
य	याद	[j]	géiser
र	रीछ	[r]	riscar
ल	लाल	[l]	libra
व	वचन	[v]	fava
श	शिक्षक	[ʃ]	mês
ष	भाषा	[ʃ]	mês
स	सोना	[s]	sanita
ह	हजार	[h]	[h] aspirada

Consoantes adicionais

क़	क़लम	[q]	teckel
ख़	ख़बर	[h]	[h] aspirada
ड़	लड़का	[r]	riscar
ढ़	पढ़ना	[r]	riscar
ग़	ग़लती	[ɣ]	agora
ज़	ज़िन्दगी	[z]	sésamo
झ़	ट्रैझ़र	[ʒ]	talvez
फ़	फ़ौज	[f]	safári

ABREVIATURAS
usadas no vocabulário

Abreviaturas do Português

adj	-	adjetivo
adv	-	advérbio
anim.	-	animado
conj.	-	conjunção
desp.	-	desporto
etc.	-	etecetra
ex.	-	por exemplo
f	-	nome feminino
f pl	-	feminino plural
fem.	-	feminino
inanim.	-	inanimado
m	-	nome masculino
m pl	-	masculino plural
m, f	-	masculino, feminino
masc.	-	masculino
mat.	-	matemática
mil.	-	militar
pl	-	plural
prep.	-	preposição
pron.	-	pronome
sb.	-	sobre
sing.	-	singular
v aux	-	verbo auxiliar
vi	-	verbo intransitivo
vi, vt	-	verbo intransitivo, transitivo
vr	-	verbo reflexivo
vt	-	verbo transitivo

Abreviaturas do Hindi

f	-	nome feminino
f pl	-	feminino plural
m	-	nome masculino
m pl	-	masculino plural

CONCEITOS BÁSICOS

Conceitos básicos. Parte 1

1. Pronomes

eu	मैं	main
tu	तुम	tum
ele, ela	वह	vah
nós	हम	ham
vocês	आप	āp
eles, elas	वे	ve

2. Cumprimentos. Saudações. Despedidas

Olá!	नमस्कार!	namaskār!
Bom dia! (formal)	नमस्ते!	namaste!
Bom dia! (de manhã)	नमस्ते!	namaste!
Boa tarde!	नमस्ते!	namaste!
Boa noite!	नमस्ते!	namaste!
cumprimentar (vt)	नमस्कार कहना	namaskār kahana
Olá!	नमस्कार!	namaskār!
saudação (f)	अभिवादन (m)	abhivādan
saudar (vt)	अभिवादन करना	abhivādan karana
Como vai?	आप कैसे हैं?	āp kaise hain?
O que há de novo?	क्या हाल है?	kya hāl hai?
Até à vista!	अलविदा!	alavida!
Até breve!	फिर मिलेंगे!	fir milenge!
Adeus! (sing.)	अलिवदा!	alivada!
Adeus! (pl)	अलविदा!	alavida!
despedir-se (vr)	अलविदा कहना	alavida kahana
Até logo!	अलविदा!	alavida!
Obrigado! -a!	धन्यवाद!	dhanyavād!
Muito obrigado! -a!	बहुत बहुत शुक्रिया!	bahut bahut shukriya!
De nada	कोई बात नहीं	koī bāt nahin
Não tem de quê	कोई बात नहीं	koī bāt nahin
De nada	कोई बात नहीं	koī bāt nahin
Desculpa!	माफ़ कीजिएगा!	māf kījiega!
Desculpe!	माफ़ी कीजियेगा!	māfī kījiyega!
desculpar (vt)	माफ़ करना	māf karana
desculpar-se (vr)	माफ़ी मांगना	māfī māngana
As minhas desculpas	मुझे माफ़ कीजिएगा	mujhe māf kījiega

Desculpe!	मुझे माफ़ कीजिएगा!	mujhe māf kījiega!
perdoar (vt)	माफ़ करना	māf karana
por favor	कृप्या	krpya
Não se esqueça!	भूलना नहीं!	bhūlana nahin!
Certamente! Claro!	ज़रूर!	zarūr!
Claro que não!	बिल्कुल नहीं!	bilkul nahin!
Está bem! De acordo!	ठीक है!	thīk hai!
Basta!	बहुत हुआ!	bahut hua!

3. Como se dirigir a alguém

senhor	श्रीमान	shrīmān
senhora	श्रीमती	shrīmatī
rapariga	मैम	maim
rapaz	बेटा	beta
menino	बेटा	beta
menina	कुमारी	kumārī

4. Números cardinais. Parte 1

zero	ज़ीरो	zīro
um	एक	ek
dois	दो	do
três	तीन	tīn
quatro	चार	chār
cinco	पाँच	pānch
seis	छह	chhah
sete	सात	sāt
oito	आठ	āth
nove	नौ	nau
dez	दस	das
onze	ग्यारह	gyārah
doze	बारह	bārah
treze	तेरह	terah
catorze	चौदह	chaudah
quinze	पन्द्रह	pandrah
dezasseis	सोलह	solah
dezassete	सत्रह	satrah
dezoito	अठारह	athārah
dezanove	उन्नीस	unnīs
vinte	बीस	bīs
vinte e um	इक्कीस	ikkīs
vinte e dois	बाईस	baīs
vinte e três	तेईस	teīs
trinta	तीस	tīs
trinta e um	इकत्तीस	ikattīs

trinta e dois	बत्तीस	battīs
trinta e três	तैंतीस	taintīs
quarenta	चालीस	chālīs
quarenta e um	इत्तालीस	iktālīs
quarenta e dois	बयालीस	bayālīs
quarenta e três	तैंतालीस	taintālīs
cinquenta	पचास	pachās
cinquenta e um	इक्यावन	ikyāvan
cinquenta e dois	बावन	bāvan
cinquenta e três	तिरपन	tirapan
sessenta	साठ	sāth
sessenta e um	इकसठ	ikasath
sessenta e dois	बासठ	bāsath
sessenta e três	तिरसठ	tirasath
setenta	सत्तर	sattar
setenta e um	इकहत्तर	ikahattar
setenta e dois	बहत्तर	bahattar
setenta e três	तिहत्तर	tihattar
oitenta	अस्सी	assī
oitenta e um	इक्यासी	ikyāsī
oitenta e dois	बयासी	bayāsī
oitenta e três	तिरासी	tirāsī
noventa	नब्बे	nabbe
noventa e um	इक्यानवे	ikyānave
noventa e dois	बानवे	bānave
noventa e três	तिरानवे	tirānave

5. Números cardinais. Parte 2

cem	सौ	sau
duzentos	दो सौ	do sau
trezentos	तीन सौ	tīn sau
quatrocentos	चार सौ	chār sau
quinhentos	पाँच सौ	pānch sau
seiscentos	छह सौ	chhah sau
setecentos	सात सो	sāt so
oitocentos	आठ सौ	āth sau
novecentos	नौ सौ	nau sau
mil	एक हज़ार	ek hazār
dois mil	दो हज़ार	do hazār
De quem são ...?	तीन हज़ार	tīn hazār
dez mil	दस हज़ार	das hazār
cem mil	एक लाख	ek lākh
um milhão	दस लाख (m)	das lākh
mil milhões	अरब (m)	arab

6. Números ordinais

primeiro	पहला	pahala
segundo	दूसरा	dūsara
terceiro	तीसरा	tīsara
quarto	चौथा	chautha
quinto	पाँचवाँ	pānchavān
sexto	छठा	chhatha
sétimo	सातवाँ	sātavān
oitavo	आठवाँ	āthavān
nono	नौवाँ	nauvān
décimo	दसवाँ	dasavān

7. Números. Frações

fração (f)	अपूर्णांक (m)	apūrnānk
um meio	आधा	ādha
um terço	एक तीहाई	ek tīhaī
um quarto	एक चौथाई	ek chauthaī
um oitavo	आठवां हिस्सा	āthavān hissa
um décimo	दसवां हिस्सा	dasavān hissa
dois terços	दो तिहाई	do tihaī
três quartos	पौना	pauna

8. Números. Operações básicas

subtração (f)	घटाव (m)	ghatāv
subtrair (vi, vt)	घटाना	ghatāna
divisão (f)	विभाजन (m)	vibhājan
dividir (vt)	विभाजित करना	vibhājit karana
adição (f)	जोड़ (m)	jor
somar (vt)	जोड़ करना	jor karana
adicionar (vt)	जोड़ना	jorana
multiplicação (f)	गुणन (m)	gunan
multiplicar (vt)	गुणा करना	guna karana

9. Números. Diversos

algarismo, dígito (m)	अंक (m)	ank
número (m)	संख्या (f)	sankhya
numeral (m)	संख्यावाचक (m)	sankhyāvāchak
menos (m)	घटाव चिह्न (m)	ghatāv chihn
mais (m)	जोड़ चिह्न (m)	jor chihn
fórmula (f)	फ़ारमूला (m)	fāramūla
cálculo (m)	गणना (f)	ganana
contar (vt)	गिनना	ginana

calcular (vt)	गिनती करना	ginatī karana
comparar (vt)	तुलना करना	tulana karana
Quanto, -os, -as?	कितना?	kitana?
soma (f)	कुल (m)	kul
resultado (m)	नतीजा (m)	natīja
resto (m)	शेष (m)	shesh
alguns, algumas …	कुछ	kuchh
um pouco de …	थोड़ा …	thora …
resto (m)	बाक़ी	bāqī
um e meio	डेढ़	derh
dúzia (f)	दर्जन (m)	darjan
ao meio	दो भागों में	do bhāgon men
em partes iguais	बराबर	barābar
metade (f)	आधा (m)	ādha
vez (f)	बार (m)	bār

10. Os verbos mais importantes. Parte 1

abrir (vt)	खोलना	kholana
acabar, terminar (vt)	ख़त्म करना	khatm karana
aconselhar (vt)	सलाह देना	salāh dena
adivinhar (vt)	अंदाज़ा लगाना	andāza lagāna
advertir (vt)	चेतावनी देना	chetāvanī dena
ajudar (vt)	मदद करना	madad karana
almoçar (vi)	दोपहर का भोजन करना	dopahar ka bhojan karana
alugar (~ um apartamento)	किराए पर लेना	kirae par lena
amar (vt)	प्यार करना	pyār karana
ameaçar (vt)	धमकाना	dhamakāna
anotar (escrever)	लिख लेना	likh lena
apanhar (vt)	पकड़ना	pakarana
apressar-se (vr)	जल्दी करना	jaldī karana
arrepender-se (vr)	अफ़सोस जताना	afasos jatāna
assinar (vt)	हस्ताक्षर करना	hastākshar karana
atirar, disparar (vi)	गोली चलाना	golī chalāna
brincar (vi)	मज़ाक करना	mazāk karana
brincar, jogar (crianças)	खेलना	khelana
buscar (vt)	तलाश करना	talāsh karana
caçar (vi)	शिकार करना	shikār karana
cair (vi)	गिरना	girana
cavar (vt)	खोदना	khodana
cessar (vt)	बंद करना	band karana
chamar (~ por socorro)	बुलाना	bulāna
chegar (vi)	पहुँचना	pahunchana
chorar (vi)	रोना	rona
começar (vt)	शुरू करना	shurū karana
comparar (vt)	तुलना करना	tulana karana

compreender (vt)	समझना	samajhana
concordar (vi)	राज़ी होना	rāzī hona
confiar (vt)	यकीन करना	yakīn karana
confundir (equivocar-se)	गड़बड़ा जाना	garabara jāna
conhecer (vt)	जानना	jānana
contar (fazer contas)	गिनना	ginana
contar com (esperar)	भरोसा रखना	bharosa rakhana
continuar (vt)	जारी रखना	jārī rakhana
controlar (vt)	नियंत्रित करना	niyantrit karana
convidar (vt)	आमंत्रित करना	āmantrit karana
correr (vi)	दौड़ना	daurana
criar (vt)	बनाना	banāna
custar (vt)	दाम होना	dām hona

11. Os verbos mais importantes. Parte 2

dar (vt)	देना	dena
dar uma dica	इशारा करना	ishāra karana
decorar (enfeitar)	सजाना	sajāna
defender (vt)	रक्षा करना	raksha karana
deixar cair (vt)	गिराना	girāna
descer (para baixo)	उतरना	utarana
desculpar-se (vr)	माफ़ी मांगना	māfī māngana
dirigir (~ uma empresa)	प्रबंधन करना	prabandhan karana
discutir (notícias, etc.)	चर्चा करना	charcha karana
dizer (vt)	कहना	kahana
duvidar (vt)	शक करना	shak karana
encontrar (achar)	ढूंढना	dhūrhana
enganar (vt)	धोखा देना	dhokha dena
entrar (na sala, etc.)	अंदर आना	andar āna
enviar (uma carta)	भेजना	bhejana
errar (equivocar-se)	गलती करना	galatī karana
escolher (vt)	चुनना	chunana
esconder (vt)	छिपाना	chhipāna
escrever (vt)	लिखना	likhana
esperar (o autocarro, etc.)	इंतज़ार करना	intazār karana
esperar (ter esperança)	आशा करना	āsha karana
esquecer (vt)	भूलना	bhūlana
estudar (vt)	पढ़ाई करना	parhaī karana
exigir (vt)	मांगना	māngana
existir (vi)	होना	hona
explicar (vt)	समझाना	samajhāna
falar (vi)	बोलना	bolana
faltar (clases, etc.)	ग़ैर-हाज़िर होना	gair-hāzir hona
fazer (vt)	करना	karana
gabar-se, jactar-se (vr)	डींग मारना	dīng mārana
gostar (apreciar)	पसंद करना	pasand karana

gritar (vi)	चिल्लाना	chillāna
guardar (cartas, etc.)	रखना	rakhana
informar (vt)	खबर देना	khabar dena
insistir (vi)	आग्रह करना	āgrah karana
insultar (vt)	अपमान करना	apamān karana
interessar-se (vr)	रुचि लेना	ruchi lena
ir (a pé)	जाना	jāna
ir nadar	तैरना	tairana
jantar (vi)	रात्रिभोज करना	rātribhoj karana

12. Os verbos mais importantes. Parte 3

ler (vt)	पढ़ना	parhana
libertar (cidade, etc.)	आज़ाद करना	āzād karana
matar (vt)	मार डालना	mār dālana
mencionar (vt)	उल्लेख करना	ullekh karana
mostrar (vt)	दिखाना	dikhāna
mudar (modificar)	बदलना	badalana
nadar (vi)	तैरना	tairana
negar-se a ...	इन्कार करना	inkār karana
objetar (vt)	एतराज़ करना	etarāz karana
observar (vt)	देखना	dekhana
ordenar (mil.)	हुक्म देना	hukm dena
ouvir (vt)	सुनना	sunana
pagar (vt)	दाम चुकाना	dām chukāna
parar (vi)	रुकना	rukana
participar (vi)	भाग लेना	bhāg lena
pedir (comida)	ऑर्डर करना	ordar karana
pedir (um favor, etc.)	माँगना	māngana
pegar (tomar)	लेना	lena
pensar (vt)	सोचना	sochana
perceber (ver)	देखना	dekhana
perdoar (vt)	क्षमा करना	kshama karana
perguntar (vt)	पूछना	pūchhana
permitir (vt)	अनुमति देना	anumati dena
pertencer a ...	स्वामी होना	svāmī hona
planear (vt)	योजना बनाना	yojana banāna
poder (vi)	सकना	sakana
possuir (vt)	मालिक होना	mālik hona
preferir (vt)	तरजीह देना	tarajīh dena
preparar (vt)	खाना बनाना	khāna banāna
prever (vt)	उम्मीद करना	ummīd karana
prometer (vt)	वचन देना	vachan dena
pronunciar (vt)	उच्चारण करना	uchchāran karana
propor (vt)	प्रस्ताव रखना	prastāv rakhana
punir (castigar)	सज़ा देना	saza dena

13. Os verbos mais importantes. Parte 4

quebrar (vt)	तोड़ना	torana
queixar-se (vr)	शिकायत करना	shikāyat karana
querer (desejar)	चाहना	chāhana
recomendar (vt)	सिफ़ारिश करना	sifārish karana
repetir (dizer outra vez)	दोहराना	doharāna

repreender (vt)	डाँटना	dāntana
reservar (~ um quarto)	बुक करना	buk karana
responder (vt)	जवाब देना	javāb dena
rir (vi)	हंसना	hansana

roubar (vt)	चुराना	churāna
saber (vt)	मालूम होना	mālūm hona
sair (~ de casa)	बाहर जाना	bāhar jāna
salvar (vt)	बचाना	bachāna
seguir ...	पीछे चलना	pīchhe chalana

sentar-se (vr)	बैठना	baithana
ser necessário	आवश्यक होना	āvashyak hona
ser, estar	होना	hona
significar (vt)	अर्थ होना	arth hona

sorrir (vi)	मुस्कुराना	muskurāna
subestimar (vt)	कम मूल्यांकन करना	kam mūlyānkan karana
surpreender-se (vr)	हैरान होना	hairān hona
tentar (vt)	कोशिश करना	koshish karana

ter (vt)	होना	hona
ter fome	भूख लगना	bhūkh lagana
ter medo	डरना	darana
ter sede	प्यास लगना	pyās lagana

tocar (com as mãos)	छूना	chhūna
tomar o pequeno-almoço	नाश्ता करना	nāshta karana
trabalhar (vi)	काम करना	kām karana
traduzir (vt)	अनुवाद करना	anuvād karana
unir (vt)	संयुक्त करना	sanyukt karana

vender (vt)	बेचना	bechana
ver (vt)	देखना	dekhana
virar (ex. ~ à direita)	मुड़ जाना	mur jāna
voar (vi)	उड़ना	urana

14. Cores

cor (f)	रंग (m)	rang
matiz (m)	रंग (m)	rang
tom (m)	रंग (m)	rang
arco-íris (m)	इन्द्रधनुष (f)	indradhanush
branco	सफ़ेद	safed
preto	काला	kāla

cinzento	धूसर	dhūsar
verde	हरा	hara
amarelo	पीला	pīla
vermelho	लाल	lāl
azul	नीला	nīla
azul claro	हल्का नीला	halka nīla
rosa	गुलाबी	gulābī
laranja	नारंगी	nārangī
violeta	बैंगनी	bainganī
castanho	भूरा	bhūra
dourado	सुनहरा	sunahara
prateado	चाँदी-जैसा	chāndī-jaisa
bege	हल्का भूरा	halka bhūra
creme	क्रीम	krīm
turquesa	फ़ीरोज़ी	fīrozī
vermelho cereja	चेरी जैसा लाल	cherī jaisa lāl
lilás	हल्का बैंगनी	halka bainganī
carmesim	गहरा लाल	gahara lāl
claro	हल्का	halka
escuro	गहरा	gahara
vivo	चमकीला	chamakīla
de cor	रंगीन	rangīn
a cores	रंगीन	rangīn
preto e branco	काला-सफ़ेद	kāla-safed
unicolor	एक रंग का	ek rang ka
multicor	बहुरंगी	bahurangī

15. Questões

Quem?	कौन?	kaun?
Que?	क्या?	kya?
Onde?	कहाँ?	kahān?
Para onde?	किधर?	kidhar?
De onde?	कहाँ से?	kahān se?
Quando?	कब?	kab?
Para quê?	क्यों?	kyon?
Porquê?	क्यों?	kyon?
Para quê?	किस लिये?	kis liye?
Como?	कैसे?	kaise?
Qual?	कौन-सा?	kaun-sa?
Qual? (entre dois ou mais)	कौन-सा?	kaun-sa?
A quem?	किसको?	kisako?
Sobre quem?	किसके बारे में?	kisake bāre men?
Do quê?	किसके बारे में?	kisake bāre men?
Com quem?	किसके?	kisake?
Quanto, -os, -as?	कितना?	kitana?
De quem? (masc.)	किसका?	kisaka?

16. Preposições

com (prep.)	के साथ	ke sāth
sem (prep.)	के बिना	ke bina
a, para (exprime lugar)	की तरफ़	kī taraf
sobre (ex. falar ~)	के बारे में	ke bāre men
antes de ...	के पहले	ke pahale
diante de ...	के सामने	ke sāmane
sob (debaixo de)	के नीचे	ke nīche
sobre (em cima de)	के ऊपर	ke ūpar
sobre (~ a mesa)	पर	par
de (vir ~ Lisboa)	से	se
de (feito ~ pedra)	से	se
dentro de (~ dez minutos)	में	men
por cima de ...	के ऊपर चढ़कर	ke ūpar charhakar

17. Palavras funcionais. Advérbios. Parte 1

Onde?	कहाँ?	kahān?
aqui	यहाँ	yahān
lá, ali	वहां	vahān
em algum lugar	कहीं	kahīn
em lugar nenhum	कहीं नहीं	kahīn nahin
ao pé de ...	के पास	ke pās
ao pé da janela	खिड़की के पास	khirakī ke pās
Para onde?	किधर?	kidhar?
para cá	इधर	idhar
para lá	उधर	udhar
daqui	यहां से	yahān se
de lá, dali	वहां से	vahān se
perto	पास	pās
longe	दूर	dūr
perto de ...	निकट	nikat
ao lado de	पास	pās
perto, não fica longe	दूर नहीं	dūr nahin
esquerdo	बायाँ	bāyān
à esquerda	बायीं तरफ़	bāyīn taraf
para esquerda	बायीं तरफ़	bāyīn taraf
direito	दायां	dāyān
à direita	दायीं तरफ़	dāyīn taraf
para direita	दायीं तरफ़	dāyīn taraf
à frente	सामने	sāmane
da frente	सामने का	sāmane ka

em frente (para a frente)	आगे	āge
atrás de ...	पीछे	pīchhe
por detrás (vir ~)	पीछे से	pīchhe se
para trás	पीछे	pīchhe
meio (m), metade (f)	बीच (m)	bīch
no meio	बीच में	bīch men
de lado	कोने में	kone men
em todo lugar	सभी	sabhī
ao redor (olhar ~)	आस-पास	ās-pās
de dentro	अंदर से	andar se
para algum lugar	कहीं	kahīn
diretamente	सीधे	sīdhe
de volta	वापस	vāpas
de algum lugar	कहीं से भी	kahīn se bhī
de um lugar	कहीं से	kahīn se
em primeiro lugar	पहले	pahale
em segundo lugar	दूसरा	dūsara
em terceiro lugar	तीसरा	tīsara
de repente	अचानक	achānak
no início	शुरू में	shurū men
pela primeira vez	पहली बार	pahalī bār
muito antes de ...	बहुत समय पहले ...	bahut samay pahale ...
de novo, novamente	नई शुरूआत	naī shurūāt
para sempre	हमेशा के लिए	hamesha ke lie
nunca	कभी नहीं	kabhī nahin
de novo	फिर से	fir se
agora	अब	ab
frequentemente	अकसर	akasar
então	तब	tab
urgentemente	तत्काल	tatkāl
usualmente	आमतौर पर	āmataur par
a propósito, ...	प्रसंगवश	prasangavash
é possível	मुमकिन	mumakin
provavelmente	संभव	sambhav
talvez	शायद	shāyad
além disso, ...	इस के अलावा	is ke alāva
por isso ...	इस लिए	is lie
apesar de ...	फिर भी ...	fir bhī ...
graças a ...	... की मेहरबानी से	... kī meharabānī se
que (pron.)	क्या	kya
que (conj.)	कि	ki
algo	कुछ	kuchh
alguma coisa	कुछ भी	kuchh bhī
nada	कुछ नहीं	kuchh nahin
quem	कौन	kaun
alguém (~ teve uma ideia ...)	कोई	koī

alguém	कोई	koī
ninguém	कोई नहीं	koī nahin
para lugar nenhum	कहीं नहीं	kahīn nahin
de ninguém	किसी का नहीं	kisī ka nahin
de alguém	किसी का	kisī ka
tão	कितना	kitana
também (gostaria ~ de ...)	भी	bhī
também (~ eu)	भी	bhī

18. Palavras funcionais. Advérbios. Parte 2

Porquê?	क्यों?	kyon?
por alguma razão	किसी कारणवश	kisī kāranavash
porque ...	क्यों कि ...	kyon ki ...
por qualquer razão	किसी वजह से	kisī vajah se
e (tu ~ eu)	और	aur
ou (ser ~ não ser)	या	ya
mas (porém)	लेकिन	lekin
para (~ a minha mãe)	के लिए	ke lie
demasiado, muito	ज़्यादा	zyāda
só, somente	सिर्फ़	sirf
exatamente	ठीक	thīk
cerca de (~ 10 kg)	करीब	karīb
aproximadamente	लगभग	lagabhag
aproximado	अनुमानित	anumānit
quase	करीब	karīb
resto (m)	बाक़ी	bāqī
cada	हर एक	har ek
qualquer	कोई	koī
muito	बहुत	bahut
muitas pessoas	बहुत लोग	bahut log
todos	सभी	sabhī
em troca de ...	... के बदले में	... ke badale men
em troca	की जगह	kī jagah
à mão	हाथ से	hāth se
pouco provável	शायद ही	shāyad hī
provavelmente	शायद	shāyad
de propósito	जानबूझकर	jānabūjhakar
por acidente	संयोगवश	sanyogavash
muito	बहुत	bahut
por exemplo	उदाहरण के लिए	udāharan ke lie
entre	के बीच	ke bīch
entre (no meio de)	में	men
tanto	इतना	itana
especialmente	ख़ासतौर पर	khāsataur par

Conceitos básicos. Parte 2

19. Dias da semana

segunda-feira (f)	सोमवार (m)	somavār
terça-feira (f)	मंगलवार (m)	mangalavār
quarta-feira (f)	बुधवार (m)	budhavār
quinta-feira (f)	गुरूवार (m)	gurūvār
sexta-feira (f)	शुक्रवार (m)	shukravār
sábado (m)	शनिवार (m)	shanivār
domingo (m)	रविवार (m)	ravivār
hoje	आज	āj
amanhã	कल	kal
depois de amanhã	परसों	parason
ontem	कल	kal
anteontem	परसों	parason
dia (m)	दिन (m)	din
dia (m) de trabalho	कार्यदिवस (m)	kāryadivas
feriado (m)	सार्वजनिक छुट्टी (f)	sārvajanik chhuttī
dia (m) de folga	छुट्टी का दिन (m)	chhuttī ka din
fim (m) de semana	सप्ताहांत (m)	saptāhānt
o dia todo	सारा दिन	sāra din
no dia seguinte	अगला दिन	agala din
há dois dias	दो दिन पहले	do din pahale
na véspera	एक दिन पहले	ek din pahale
diário	दैनिक	dainik
todos os dias	हर दिन	har din
semana (f)	हफ़्ता (f)	hafata
na semana passada	पिछले हफ़्ते	pichhale hafate
na próxima semana	अगले हफ़्ते	agale hafate
semanal	साप्ताहिक	saptāhik
cada semana	हर हफ़्ते	har hafate
duas vezes por semana	हफ़्ते में दो बार	hafate men do bār
cada terça-feira	हर मंगलवार को	har mangalavār ko

20. Horas. Dia e noite

manhã (f)	सुबह (m)	subah
de manhã	सुबह में	subah men
meio-dia (m)	दोपहर (m)	dopahar
à tarde	दोपहर में	dopahar men
noite (f)	शाम (m)	shām
à noite (noitinha)	शाम में	shām men

noite (f)	रात (f)	rāt
à noite	रात में	rāt men
meia-noite (f)	आधी रात (f)	ādhī rāt
segundo (m)	सेकन्ड (m)	sekand
minuto (m)	मिनट (m)	minat
hora (f)	घंटा (m)	ghanta
meia hora (f)	आधा घंटा	ādha ghanta
quarto (m) de hora	सवा	sava
quinze minutos	पंद्रह मीनट	pandrah mīnat
vinte e quatro horas	24 घंटे (m)	chaubīs ghante
nascer (m) do sol	सूर्योदय (m)	sūryoday
amanhecer (m)	सूर्योदय (m)	sūryoday
madrugada (f)	प्रातःकाल (m)	prātahkāl
pôr do sol (m)	सूर्यास्त (m)	sūryāst
de madrugada	सुबह-सवेरे	subah-savere
hoje de manhã	इस सुबह	is subah
amanhã de manhã	कल सुबह	kal subah
hoje à tarde	आज शाम	āj shām
à tarde	दोपहर में	dopahar men
amanhã à tarde	कल दोपहर	kal dopahar
hoje à noite	आज शाम	āj shām
amanhã à noite	कल रात	kal rāt
às três horas em ponto	ठीक तीन बजे में	thīk tīn baje men
por volta das quatro	लगभग चार बजे	lagabhag chār baje
às doze	बारह बजे तक	bārah baje tak
dentro de vinte minutos	बीस मीनट में	bīs mīnat men
dentro duma hora	एक घंटे में	ek ghante men
a tempo	ठीक समय पर	thīk samay par
menos um quarto	पौने ... बजे	paune ... baje
durante uma hora	एक घंटे के अंदर	ek ghante ke andar
a cada quinze minutos	हर पंद्रह मीनट	har pandrah mīnat
as vinte e quatro horas	दिन-रात (m pl)	din-rāt

21. Meses. Estações

janeiro (m)	जनवरी (m)	janavarī
fevereiro (m)	फ़रवरी (m)	faravarī
março (m)	मार्च (m)	mārch
abril (m)	अप्रैल (m)	aprail
maio (m)	माई (m)	maī
junho (m)	जून (m)	jūn
julho (m)	जुलाई (m)	julaī
agosto (m)	अगस्त (m)	agast
setembro (m)	सितम्बर (m)	sitambar
outubro (m)	अक्तूबर (m)	aktūbar

novembro (m)	नवम्बर (m)	navambar
dezembro (m)	दिसम्बर (m)	disambar
primavera (f)	वसन्त (m)	vasant
na primavera	वसन्त में	vasant men
primaveril	वसन्त	vasant
verão (m)	गरमी (f)	garamī
no verão	गरमियों में	garamiyon men
de verão	गरमी	garamī
outono (m)	शरद (m)	sharad
no outono	शरद में	sharad men
outonal	शरद	sharad
inverno (m)	सर्दी (f)	sardī
no inverno	सर्दियों में	sardiyon men
de inverno	सर्दी	sardī
mês (m)	महीना (m)	mahīna
este mês	इस महीने	is mahīne
no próximo mês	अगले महीने	agale mahīne
no mês passado	पिछले महीने	pichhale mahīne
há um mês	एक महीने पहले	ek mahīne pahale
dentro de um mês	एक महीने में	ek mahīne men
dentro de dois meses	दो महीने में	do mahīne men
todo o mês	पूरे महीने	pūre mahīne
um mês inteiro	पूरे महीने	pūre mahīne
mensal	मासिक	māsik
mensalmente	हर महीने	har mahīne
cada mês	हर महीने	har mahīne
duas vezes por mês	महीने में दो बार	mahine men do bār
ano (m)	वर्ष (m)	varsh
este ano	इस साल	is sāl
no próximo ano	अगले साल	agale sāl
no ano passado	पिछले साल	pichhale sāl
há um ano	एक साल पहले	ek sāl pahale
dentro dum ano	एक साल में	ek sāl men
dentro de 2 anos	दो साल में	do sāl men
todo o ano	पूरा साल	pūra sāl
um ano inteiro	पूरा साल	pūra sāl
cada ano	हर साल	har sāl
anual	वार्षिक	vārshik
anualmente	वार्षिक	vārshik
quatro vezes por ano	साल में चार बार	sāl men chār bār
data (~ de hoje)	तारीख़ (f)	tārīkh
data (ex. ~ de nascimento)	तारीख़ (f)	tārīkh
calendário (m)	कैलेन्डर (m)	kailendar
meio ano	आधे वर्ष (m)	ādhe varsh
seis meses	छमाही (f)	chhamāhī

estação (f)	मौसम (m)	mausam
século (m)	शताब्दी (f)	shatābadī

22. Unidades de medida

peso (m)	वज़न (m)	vazan
comprimento (m)	लम्बाई (f)	lambaī
largura (f)	चौड़ाई (f)	chauraī
altura (f)	ऊंचाई (f)	ūnchaī
profundidade (f)	गहराई (f)	gaharaī
volume (m)	घनत्व (f)	ghanatv
área (f)	क्षेत्रफल (m)	kshetrafal

grama (m)	ग्राम (m)	grām
miligrama (m)	मिलीग्राम (m)	milīgrām
quilograma (m)	किलोग्राम (m)	kilogrām
tonelada (f)	टन (m)	tan
libra (453,6 gramas)	पौण्ड (m)	paund
onça (f)	औन्स (m)	auns

metro (m)	मीटर (m)	mītar
milímetro (m)	मिलीमीटर (m)	milīmītar
centímetro (m)	सेंटीमीटर (m)	sentīmītar
quilómetro (m)	किलोमीटर (m)	kilomītar
milha (f)	मील (m)	mīl

polegada (f)	इंच (m)	inch
pé (304,74 mm)	फुट (m)	fut
jarda (914,383 mm)	गज (m)	gaj

metro (m) quadrado	वर्ग मीटर (m)	varg mītar
hectare (m)	हेक्टेयर (m)	hekteyar

litro (m)	लीटर (m)	līṭar
grau (m)	डिग्री (m)	digrī
volt (m)	वोल्ट (m)	volt
ampere (m)	ऐम्पेयर (m)	aimpeyar
cavalo-vapor (m)	अश्व शक्ति (f)	ashv shakti

quantidade (f)	मात्रा (f)	mātra
um pouco de ...	कुछ ...	kuchh ...
metade (f)	आधा (m)	ādha

dúzia (f)	दर्जन (m)	darjan
peça (f)	टुकड़ा (m)	tukara

dimensão (f)	माप (m)	māp
escala (f)	पैमाना (m)	paimāna

mínimo	न्यूनतम	nyūnatam
menor, mais pequeno	सब से छोटा	sab se chhota
médio	मध्य	madhy
máximo	अधिकतम	adhikatam
maior, mais grande	सबसे बड़ा	sabase bara

23. Recipientes

Português	Hindi	Transliteração
boião (m) de vidro	शीशी (f)	shīshī
lata (~ de cerveja)	डिब्बा (m)	dibba
balde (m)	बाल्टी (f)	bāltī
barril (m)	पीपा (m)	pīpa
bacia (~ de plástico)	चिलमची (f)	chilamachī
tanque (m)	कुण्ड (m)	kund
cantil (m) de bolso	फ्लास्क (m)	flāsk
bidão (m) de gasolina	जेरिकैन (m)	jerikain
cisterna (f)	टंकी (f)	tankī
caneca (f)	मग (m)	mag
chávena (f)	प्याली (f)	pyālī
pires (m)	सॉसर (m)	sosar
copo (m)	गिलास (m)	gilās
taça (f) de vinho	वाइन गिलास (m)	vain gilās
panela, caçarola (f)	सॉसपैन (m)	sosapain
garrafa (f)	बोतल (f)	botal
gargalo (m)	गला (m)	gala
jarro, garrafa (f)	जग (m)	jag
jarro (m) de barro	सुराही (f)	surāhī
recipiente (m)	बरतन (m)	baratan
pote (m)	घड़ा (m)	ghara
vaso (m)	फूलदान (m)	fūladān
frasco (~ de perfume)	शीशी (f)	shīshī
frasquinho (ex. ~ de iodo)	शीशी (f)	shīshī
tubo (~ de pasta dentífrica)	ट्यूब (m)	tyūb
saca (ex. ~ de açúcar)	थैला (m)	thaila
saco (~ de plástico)	थैली (f)	thailī
maço (m)	पैकेट (f)	paiket
caixa (~ de sapatos, etc.)	डिब्बा (m)	dibba
caixa (~ de madeira)	डिब्बा (m)	dibba
cesta (f)	टोकरी (f)	tokarī

O SER HUMANO

O ser humano. O corpo

24. Cabeça

cabeça (f)	सिर (m)	sir
cara (f)	चेहरा (m)	chehara
nariz (m)	नाक (f)	nāk
boca (f)	मुँह (m)	munh
olho (m)	आँख (f)	ānkh
olhos (m pl)	आँखें (f)	ānkhen
pupila (f)	आँख की पुतली (f)	ānkh kī putalī
sobrancelha (f)	भौंह (f)	bhaunh
pestana (f)	बरौनी (f)	baraunī
pálpebra (f)	पलक (m)	palak
língua (f)	जीभ (m)	jībh
dente (m)	दाँत (f)	dānt
lábios (m pl)	होंठ (m)	honth
maçãs (f pl) do rosto	गाल की हड्डी (f)	gāl kī haddī
gengiva (f)	मसूड़ा (m)	masūra
palato (m)	तालु (m)	tālu
narinas (f pl)	नथने (m pl)	nathane
queixo (m)	ठोड़ी (f)	thorī
mandíbula (f)	जबड़ा (m)	jabara
bochecha (f)	गाल (m)	gāl
testa (f)	माथा (m)	māthā
têmpora (f)	कनपट्टी (f)	kanapattī
orelha (f)	कान (m)	kān
nuca (f)	सिर का पिछला हिस्सा (m)	sir ka pichhala hissa
pescoço (m)	गरदन (m)	garadan
garganta (f)	गला (m)	gala
cabelos (m pl)	बाल (m pl)	bāl
penteado (m)	हेयरस्टाइल (m)	heyarastail
corte (m) de cabelo	हेयरकट (m)	heyarakat
peruca (f)	नकली बाल (m)	nakalī bāl
bigode (m)	मूँछें (f pl)	mūnchhen
barba (f)	दाढ़ी (f)	dārhī
usar, ter (~ barba, etc.)	होना	hona
trança (f)	चोटी (f)	chotī
suíças (f pl)	गलमुच्छा (m)	galamuchchha
ruivo	लाल बाल	lāl bāl
grisalho	सफ़ेद बाल	safed bāl

calvo	गंजा	ganja
calva (f)	गंजाई (f)	ganjaī
rabo-de-cavalo (m)	पोनी-टेल (f)	ponī-tel
franja (f)	बेंग (m)	beng

25. Corpo humano

mão (f)	हाथ (m)	hāth
braço (m)	बाँह (m)	bānh
dedo (m)	उँगली (m)	ungalī
polegar (m)	अंगूठा (m)	angūtha
dedo (m) mindinho	छोटी उंगली (f)	chhotī ungalī
unha (f)	नाखून (m)	nākhūn
punho (m)	मुट्ठी (m)	mutthī
palma (f) da mão	हथेली (f)	hathelī
pulso (m)	कलाई (f)	kalaī
antebraço (m)	प्रकोष्ठ (m)	prakoshth
cotovelo (m)	कोहनी (f)	kohanī
ombro (m)	कंधा (m)	kandha
perna (f)	टाँग (f)	tāng
pé (m)	पैर का तलवा (m)	pair ka talava
joelho (m)	घुटना (m)	ghutana
barriga (f) da perna	पिंडली (f)	pindalī
anca (f)	जाँघ (f)	jāngh
calcanhar (m)	एड़ी (f)	erī
corpo (m)	शरीर (m)	sharīr
barriga (f)	पेट (m)	pet
peito (m)	सीना (m)	sīna
seio (m)	स्तन (f)	stan
lado (m)	कूल्हा (m)	kūlha
costas (f pl)	पीठ (f)	pīth
região (f) lombar	पीठ का निचला हिस्सा (m)	pīth ka nichala hissa
cintura (f)	कमर (f)	kamar
umbigo (m)	नाभी (f)	nābhī
nádegas (f pl)	नितंब (m pl)	nitamb
traseiro (m)	नितम्ब (m)	nitamb
sinal (m)	सौंदर्य चिन्ह (f)	saundary chinh
sinal (m) de nascença	जन्म चिह्न (m)	janm chihn
tatuagem (f)	टैटू (m)	taitū
cicatriz (f)	घाव का निशान (m)	ghāv ka nishān

Vestuário & Acessórios

26. Roupa exterior. Casacos

roupa (f)	कपड़े (m)	kapare
roupa (f) exterior	बाहरी पोशाक (m)	bāharī poshāk
roupa (f) de inverno	सर्दियों की पोशाक (f)	sardiyon kī poshak
sobretudo (m)	ओवरकोट (m)	ovarakot
casaco (m) de peles	फरकोट (m)	farakot
casaco curto (m) de peles	फ़र की जैकेट (f)	far kī jaiket
casaco (m) acolchoado	फ़ेदर कोट (m)	fedar kot
casaco, blusão (m)	जैकेट (f)	jaiket
impermeável (m)	बरसाती (f)	barasātī
impermeável	जलरोधक	jalarodhak

27. Vestuário de homem & mulher

camisa (f)	कमीज़ (f)	kamīz
calças (f pl)	पैंट (m)	paint
calças (f pl) de ganga	जीन्स (m)	jīns
casaco (m) de fato	कोट (m)	kot
fato (m)	सूट (m)	sūt
vestido (ex. ~ vermelho)	फ्रॉक (f)	frok
saia (f)	स्कर्ट (f)	skart
blusa (f)	ब्लाउज़ (f)	blauz
casaco (m) de malha	कार्डिगन (f)	kārdigan
casaco, blazer (m)	जैकेट (f)	jaiket
T-shirt, camiseta (f)	टी-शर्ट (f)	tī-shart
calções (Bermudas, etc.)	शोट्से (m pl)	shorts
fato (m) de treino	ट्रैक सूट (m)	traik sūt
roupão (m) de banho	बाथ रोब (m)	bāth rob
pijama (m)	पजामा (m)	pajāma
suéter (m)	सूटर (m)	sūtar
pulôver (m)	पुलोवर (m)	pulovar
colete (m)	बण्डी (m)	bandī
fraque (m)	टेल-कोट (m)	tel-kot
smoking (m)	डिनर-जैकेट (f)	dinar-jaiket
uniforme (m)	वर्दी (f)	vardī
roupa (f) de trabalho	वर्दी (f)	vardī
fato-macaco (m)	ओवरऑल्स (m)	ovarols
bata (~ branca, etc.)	कोट (m)	kot

28. Vestuário. Roupa interior

roupa (f) interior	अंगवस्त्र (m)	angavastr
camisola (f) interior	बनियान (f)	baniyān
peúgas (f pl)	मोज़े (m pl)	moze
camisa (f) de noite	नाइट गाउन (m)	nait gaun
sutiã (m)	ब्रा (f)	bra
meias longas (f pl)	घुटनों तक के मोज़े (m)	ghutanon tak ke moze
meia-calça (f)	टाइट्स (m pl)	taits
meias (f pl)	स्टाकिंग (m pl)	stāking
fato (m) de banho	स्विम सूट (m)	svim sūt

29. Adereços de cabeça

chapéu (m)	टोपी (f)	topī
chapéu (m) de feltro	हैट (f)	hait
boné (m) de beisebol	बैस्बॉल कैप (f)	baisbol kaip
boné (m)	फ्लैट कैप (f)	flait kaip
boina (f)	बेरेट (m)	beret
capuz (m)	हुड (m)	hūd
panamá (m)	पनामा हैट (m)	panāma hait
gorro (m) de malha	बुनी हुई टोपी (f)	bunī huī topī
lenço (m)	सिर का स्कार्फ़ (m)	sir ka skārf
chapéu (m) de mulher	महिलाओं की टोपी (f)	mahilaon kī topī
capacete (m) de proteção	हेलमेट (f)	helamet
bibico (m)	पुलिसीया टोपी (f)	pulisīya topī
capacete (m)	हेलमेट (f)	helamet
chapéu-coco (m)	बॉलर हैट (m)	bolar hait
chapéu (m) alto	टॉप हैट (m)	top hait

30. Calçado

calçado (m)	पनही (f)	panahī
botinas (f pl)	जूते (m pl)	jūte
sapatos (de salto alto, etc.)	जूते (m pl)	jūte
botas (f pl)	बूट (m pl)	būt
pantufas (f pl)	चप्पल (f pl)	chappal
ténis (m pl)	टेनिस के जूते (m)	tenis ke jūte
sapatilhas (f pl)	स्नीकर्स (m)	snīkars
sandálias (f pl)	सैन्डल (f)	saindal
sapateiro (m)	मोची (m)	mochī
salto (m)	एड़ी (f)	erī
par (m)	जोड़ा (m)	jora
atacador (m)	जूते का फ़ीता (m)	jūte ka fīta

apertar os atacadores	फ़ीता बाँधना	fīta bāndhana
calçadeira (f)	शू-होर्न (m)	shū-horn
graxa (f) para calçado	बूट-पालिश (m)	būt-pālish

31. Acessórios pessoais

luvas (f pl)	दस्ताने (m pl)	dastāne
mitenes (f pl)	दस्ताने (m pl)	dastāne
cachecol (m)	मफ़लर (m)	mafalar
óculos (m pl)	ऐनक (m pl)	ainak
armação (f) de óculos	चश्मे का फ़्रेम (m)	chashme ka frem
guarda-chuva (m)	छतरी (f)	chhatarī
bengala (f)	छड़ी (f)	chharī
escova (f) para o cabelo	ब्रश (m)	brash
leque (m)	पंखा (m)	pankha
gravata (f)	टाई (f)	taī
gravata-borboleta (f)	बो टाई (f)	bo taī
suspensórios (m pl)	पतलून बाँधने का फ़ीता (m)	patalūn bāndhane ka fīta
lenço (m)	रूमाल (m)	rūmāl
pente (m)	कंघा (m)	kangha
travessão (m)	बालपिन (f)	bālapin
gancho (m) de cabelo	हेयरक्लीप (f)	heyaraklīp
fivela (f)	बकसुआ (m)	bakasua
cinto (m)	बेल्ट (m)	belt
correia (f)	कंधे का पट्टा (m)	kandhe ka patta
mala (f)	बैग (m)	baig
mala (f) de senhora	पर्स (m)	pars
mochila (f)	बैकपैक (m)	baikapaik

32. Vestuário. Diversos

moda (f)	फ़ैशन (m)	faishan
na moda	प्रचलन में	prachalan men
estilista (m)	फ़ैशन डिज़ाइनर (m)	faishan dizainar
colarinho (m), gola (f)	कॉलर (m)	kolar
bolso (m)	जेब (m)	jeb
de bolso	जेब	jeb
manga (f)	आस्तीन (f)	āstīn
alcinha (f)	हैंगिंग लूप (f)	hainging lūp
braguilha (f)	ज़िप (f)	zip
fecho (m) de correr	ज़िप (f)	zip
fecho (m), colchete (m)	हुक (m)	huk
botão (m)	बटन (m)	batan
casa (f) de botão	बटन का काज (m)	batan ka kāj
soltar-se (vr)	निकल जाना	nikal jāna

coser, costurar (vi)	सीना	sīna
bordar (vt)	काढ़ना	kārhana
bordado (m)	कढ़ाई (f)	karhaī
agulha (f)	सूई (f)	sūī
fio (m)	धागा (m)	dhāga
costura (f)	सीवन (m)	sīvan
sujar-se (vr)	मैला होना	maila hona
mancha (f)	धब्बा (m)	dhabba
engelhar-se (vr)	शिकन पड़ जाना	shikan par jāna
rasgar (vt)	फट जाना	fat jāna
traça (f)	कपड़ों के कीड़े (m)	kaparon ke kīre

33. Cuidados pessoais. Cosméticos

pasta (f) de dentes	टूथपेस्ट (m)	tūthapest
escova (f) de dentes	टूथब्रश (m)	tūthabrash
escovar os dentes	दाँत साफ़ करना	dānt sāf karana
máquina (f) de barbear	रेज़र (f)	rezar
creme (m) de barbear	हजामत का क्रीम (m)	hajāmat ka krīm
barbear-se (vr)	शेव करना	shev karana
sabonete (m)	साबुन (m)	sābun
champô (m)	शैम्पू (m)	shaimpū
tesoura (f)	कैंची (f pl)	kainchī
lima (f) de unhas	नाख़ून घिसनी (f)	nākhūn ghisanī
corta-unhas (m)	नाख़ून कतरनी (f)	nākhūn kataranī
pinça (f)	ट्वीज़र्स (f)	tvīzars
cosméticos (m pl)	श्रृंगार-सामग्री (f)	shrrngār-sāmagrī
máscara (f) facial	चेहरे का लेप (m)	chehare ka lep
manicura (f)	मैनीक्योर (m)	mainīkyor
fazer a manicura	मैनीक्योर करवाना	mainīkyor karavāna
pedicure (f)	पेडिक्यूर (m)	pedikyūr
mala (f) de maquilhagem	श्रृंगार थैली (f)	shrrngār thailī
pó (m)	पाउडर (m)	paudar
caixa (f) de pó	कॉम्पैक्ट पाउडर (m)	kompaikt paudar
blush (m)	ब्लशर (m)	blashar
perfume (m)	ख़ुशबू (f)	khushabū
água (f) de toilette	टॉयलेट वॉटर (m)	tāyalet votar
loção (f)	लोशन (m)	loshan
água-de-colónia (f)	कोलोन (m)	kolon
sombra (f) de olhos	आई-शैडो (m)	āī-shaido
lápis (m) delineador	आई-पेंसिल (f)	āī-pensil
máscara (f), rímel (f)	मस्कारा (m)	maskāra
batom (m)	लिपस्टिक (m)	lipastik
verniz (m) de unhas	नेल पॉलिश (f)	nel polish
laca (f) para cabelos	हेयर स्प्रे (m)	heyar spre

desodorizante (m)	डिओडरेन्ट (m)	diodarent
creme (m)	क्रीम (m)	krīm
creme (m) de rosto	चेहरे की क्रीम (f)	chehare kī krīm
creme (m) de mãos	हाथ की क्रीम (f)	hāth kī krīm
creme (m) antirrugas	एंटी रिंकल क्रीम (f)	entī rinkal krīm
de dia	दिन का	din ka
da noite	रात का	rāt ka
tampão (m)	टैम्पन (m)	taimpan
papel (m) higiénico	टॉयलेट पेपर (m)	toyalet pepar
secador (m) elétrico	हेयर ड्रायर (m)	heyar drāyar

34. Relógios de pulso. Relógios

relógio (m) de pulso	घड़ी (f pl)	gharī
mostrador (m)	डायल (m)	dāyal
ponteiro (m)	सुई (f)	suī
bracelete (f) em aço	धातु से बनी घड़ी का पट्टा (m)	dhātu se banī gharī ka patta
bracelete (f) em couro	घड़ी का पट्टा (m)	gharī ka patta
pilha (f)	बैटरी (f)	baiterī
descarregar-se	ख़त्म हो जाना	khatm ho jāna
trocar a pilha	बैटरी बदलना	baiterī badalana
estar adiantado	तेज़ चलना	tez chalana
estar atrasado	धीमी चलना	dhīmī chalana
relógio (m) de parede	दीवार-घड़ी (f pl)	dīvār-gharī
ampulheta (f)	रेत-घड़ी (f pl)	ret-gharī
relógio (m) de sol	सूरज-घड़ी (f pl)	sūraj-gharī
despertador (m)	अलार्म घड़ी (f)	alārm gharī
relojoeiro (m)	घड़ीसाज़ (m)	gharīsāz
reparar (vt)	मरम्मत करना	marammat karana

Alimentação. Nutrição

35. Comida

carne (f)	गोश्त (m)	gosht
galinha (f)	चीकन (m)	chīkan
frango (m)	रॉक कोर्निश मुर्गी (f)	rok kornish murgī
pato (m)	बतख़ (f)	battakh
ganso (m)	हंस (m)	hans
caça (f)	शिकार के पशुपक्षी (f)	shikār ke pashupakshī
peru (m)	टर्की (m)	tarkī
carne (f) de porco	सुअर का गोश्त (m)	suar ka gosht
carne (f) de vitela	बछड़े का गोश्त (m)	bachhare ka gosht
carne (f) de carneiro	भेड़ का गोश्त (m)	bher ka gosht
carne (f) de vaca	गाय का गोश्त (m)	gāy ka gosht
carne (f) de coelho	ख़रगोश (m)	kharagosh
chouriço, salsichão (m)	सॉसेज (f)	sosej
salsicha (f)	वियना सॉसेज (m)	viyana sosej
bacon (m)	बेकन (m)	bekan
fiambre (f)	हैम (m)	haim
presunto (m)	सुअर की जांघ (f)	suar kī jāngh
patê (m)	पिसा हुआ गोश्त (m)	pisa hua gosht
fígado (m)	जिगर (f)	jigar
carne (f) moída	कीमा (m)	kīma
língua (f)	जीभ (m)	jībh
ovo (m)	अंडा (m)	anda
ovos (m pl)	अंडे (m pl)	ande
clara (f) do ovo	अंडे की सफ़ेदी (m)	ande kī safedī
gema (f) do ovo	अंडे की ज़र्दी (m)	ande kī zardī
peixe (m)	मछली (f)	machhalī
mariscos (m pl)	समुद्री खाना (m)	samudrī khāna
caviar (m)	मछली के अंडे (m)	machhalī ke ande
caranguejo (m)	केकड़ा (m)	kekara
camarão (m)	चिंगड़ा (m)	chingara
ostra (f)	सीप (m)	sīp
lagosta (f)	लोबस्टर (m)	lobastar
polvo (m)	ऑक्टोपस (m)	oktopas
lula (f)	स्कीड (m)	skīd
esturjão (m)	स्टर्जन (f)	starjan
salmão (m)	सालमन (m)	sālaman
halibute (m)	हैलिबट (f)	hailibat
bacalhau (m)	कॉड (f)	kod
cavala, sarda (f)	मॅक्रैल (f)	mākrail

atum (m)	टूना (f)	tūna
enguia (f)	बाम मछली (f)	bām machhalī
truta (f)	ट्राउट मछली (f)	traut machhalī
sardinha (f)	सार्डीन (f)	sārdīn
lúcio (m)	पाइक (f)	paik
arenque (m)	हेरिंग मछली (f)	hering machhalī
pão (m)	ब्रेड (f)	bred
queijo (m)	पनीर (m)	panīr
açúcar (m)	चीनी (f)	chīnī
sal (m)	नमक (m)	namak
arroz (m)	चावल (m)	chāval
massas (f pl)	पास्ता (m)	pāsta
talharim (m)	नूडल्स (m)	nūdals
manteiga (f)	मक्खन (m)	makkhan
óleo (m) vegetal	तेल (m)	tel
óleo (m) de girassol	सूरजमुखी तेल (m)	sūrajamukhī tel
margarina (f)	नकली मक्खन (m)	nakalī makkhan
azeitonas (f pl)	जैतून (m)	jaitūn
azeite (m)	जैतून का तेल (m)	jaitūn ka tel
leite (m)	दूध (m)	dūdh
leite (m) condensado	रबड़ी (f)	rabarī
iogurte (m)	दही (m)	dahī
nata (f) azeda	खट्टी क्रीम (f)	khattī krīm
nata (f) do leite	मलाई (f pl)	malaī
maionese (f)	मेयोनेज़ (m)	meyonez
creme (m)	क्रीम (m)	krīm
grãos (m pl) de cereais	अनाज के दाने (m)	anāj ke dāne
farinha (f)	आटा (m)	āta
enlatados (m pl)	डिब्बाबन्द खाना (m)	dibbāband khāna
flocos (m pl) de milho	कॉर्नफ्लेक्स (m)	kornafleks
mel (m)	शहद (m)	shahad
doce (m)	जैम (m)	jaim
pastilha (f) elástica	चूइन्ग गम (m)	chūing gam

36. Bebidas

água (f)	पानी (m)	pānī
água (f) potável	पीने का पानी (f)	pīne ka pānī
água (f) mineral	मिनरल वॉटर (m)	minaral votar
sem gás	स्टिल वॉटर	stil votar
gaseificada	कार्बोनेटेड	kārboneted
com gás	स्पार्कलिंग	spārkaling
gelo (m)	बर्फ़ (m)	barf
com gelo	बर्फ़ के साथ	barf ke sāth

sem álcool	शराब रहित	sharāb rahit
bebida (f) sem álcool	कोल्ड ड्रिंक (f)	kold drink
refresco (m)	शीतलक ड्रिंक (f)	shītalak drink
limonada (f)	लेमोनेड (m)	lemoned
bebidas (f pl) alcoólicas	शराब (m pl)	sharāb
vinho (m)	वाइन (f)	vain
vinho (m) branco	सफ़ेद वाइन (f)	safed vain
vinho (m) tinto	लाल वाइन (f)	lāl vain
licor (m)	लिकर (m)	likar
champanhe (m)	शैम्पेन (f)	shaimpen
vermute (m)	वर्मिउथ (f)	varmauth
uísque (m)	विस्की (f)	viskī
vodka (f)	वोडका (m)	vodaka
gim (m)	जिन (f)	jin
conhaque (m)	कोन्याक (m)	konyāk
rum (m)	रम (m)	ram
café (m)	कॉफ़ी (f)	kofī
café (m) puro	काली कॉफ़ी (f)	kālī kofī
café (m) com leite	दूध के साथ कॉफ़ी (f)	dūdh ke sāth kofī
cappuccino (m)	कैपूचिनो (f)	kaipūchino
café (m) solúvel	इन्सटेन्ट-काफ़ी (f)	insatent-kāfī
leite (m)	दूध (m)	dūdh
coquetel (m)	कॉकटेल (m)	kokatel
batido (m) de leite	मिल्कशेक (m)	milkashek
sumo (m)	रस (m)	ras
sumo (m) de tomate	टमाटर का रस (m)	tamātar ka ras
sumo (m) de laranja	संतरे का रस (m)	santare ka ras
sumo (m) fresco	ताज़ा रस (m)	tāza ras
cerveja (f)	बियर (m)	biyar
cerveja (f) clara	हल्का बियर (m)	halka biyar
cerveja (f) preta	डार्क बियर (m)	dārk biyar
chá (m)	चाय (f)	chāy
chá (m) preto	काली चाय (f)	kālī chāy
chá (m) verde	हरी चाय (f)	harī chāy

37. Vegetais

legumes (m pl)	सब्ज़ियाँ (f pl)	sabziyān
verduras (f pl)	हरी सब्ज़ियाँ (f)	harī sabziyān
tomate (m)	टमाटर (m)	tamātar
pepino (m)	खीरा (m)	khīra
cenoura (f)	गाजर (f)	gājar
batata (f)	आलू (m)	ālū
cebola (f)	प्याज़े (m)	pyāz
alho (m)	लहसुन (m)	lahasun

couve (f)	पत्ता गोभी (f)	patta gobhī
couve-flor (f)	फूल गोभी (f)	fūl gobhī
couve-de-bruxelas (f)	ब्रसेल्स स्प्राउट्स (m)	brasels sprauts
brócolos (m pl)	ब्रोकोली (f)	brokolī

beterraba (f)	चुकन्दर (m)	chukandar
beringela (f)	बैंगन (m)	baingan
curgete (f)	तुरई (f)	turī
abóbora (f)	कद्दू	kaddū
nabo (m)	शलजम (f)	shalajam

salsa (f)	अजमोद (f)	ajamod
funcho, endro (m)	सोआ (m)	soa
alface (f)	सलाद पत्ता (m)	salād patta
aipo (m)	सेलरी (m)	selarī
espargo (m)	एस्पैरेगस (m)	espairegas
espinafre (m)	पालक (m)	pālak

ervilha (f)	मटर (m)	matar
fava (f)	फली (f pl)	falī
milho (m)	मकई (f)	makī
feijão (m)	राजमा (f)	rājama

pimentão (m)	शिमला मिर्च (m)	shimala mirch
rabanete (m)	मूली (f)	mūlī
alcachofra (f)	हाथीचक (m)	hāthīchak

38. Frutos. Nozes

fruta (f)	फल (m)	fal
maçã (f)	सेब (m)	seb
pera (f)	नाशपाती (f)	nāshapātī
limão (m)	नींबू (m)	nīmbū
laranja (f)	संतरा (m)	santara
morango (m)	स्ट्रॉबेरी (f)	stroberī

tangerina (f)	नारंगी (m)	nārangī
ameixa (f)	आलूबुखारा (m)	ālūbukhāra
pêssego (m)	आड़ू (m)	ārū
damasco (m)	खूबानी (f)	khūbānī
framboesa (f)	रसभरी (f)	rasabharī
ananás (m)	अनानास (m)	anānās

banana (f)	केला (m)	kela
melancia (f)	तरबूज़ (m)	tarabūz
uva (f)	अंगूर (m)	angūr
ginja, cereja (f)	चेरी (f)	cherī
meloa (f)	खरबूज़ा (f)	kharabūza

toranja (f)	ग्रेपफ्रूट (m)	grepafrūt
abacate (m)	एवोकाडो (m)	evokādo
papaia (f)	पपीता (f)	papīta
manga (f)	आम (m)	ām
romã (f)	अनार (m)	anār

groselha (f) vermelha	लाल किशमिश (f)	lāl kishamish
groselha (f) preta	काली किशमिश (f)	kālī kishamish
groselha (f) espinhosa	आमला (f)	āmala
mirtilo (m)	बिलबेरी (f)	bilaberī
amora silvestre (f)	ब्लैकबेरी (f)	blaikaberī
uvas (f pl) passas	किशमिश (m)	kishamish
figo (m)	अंजीर (m)	anjīr
tâmara (f)	खजूर (m)	khajūr
amendoim (m)	मूँगफली (m)	mūngafalī
amêndoa (f)	बादाम (f)	bādām
noz (f)	अखरोट (m)	akharot
avelã (f)	हेज़लनट (m)	hezalanat
coco (m)	नारियल (m)	nāriyal
pistáchios (m pl)	पिस्ता (m)	pista

39. Pão. Bolaria

pastelaria (f)	मिठाई (f pl)	mithaī
pão (m)	ब्रेड (f)	bred
bolacha (f)	बिस्कुट (m)	biskut
chocolate (m)	चॉकलेट (m)	chokalet
de chocolate	चॉकलेटी	chokaletī
rebuçado (m)	टॉफ़ी (f)	tofī
bolo (cupcake, etc.)	पेस्ट्री (f)	pestrī
bolo (m) de aniversário	केक (m)	kek
tarte (~ de maçã)	पाई (m)	paī
recheio (m)	फ़िलिंग (f)	filing
doce (m)	जैम (m)	jaim
geleia (f) de frutas	मुरब्बा (m)	murabba
waffle (m)	वेफ़र (m pl)	vefar
gelado (m)	आईस-क्रीम (f)	āīs-krīm

40. Pratos cozinhados

prato (m)	पकवान (m)	pakavān
cozinha (~ portuguesa)	व्यंजन (m)	vyanjan
receita (f)	रैसीपी (f)	raisīpī
porção (f)	भाग (m)	bhāg
salada (f)	सलाद (m)	salād
sopa (f)	सूप (m)	sūp
caldo (m)	यख़नी (f)	yakhanī
sandes (f)	सैन्डविच (m)	saindavich
ovos (m pl) estrelados	आमलेट (m)	āmalet
hambúrguer (m)	हैमबर्गर (m)	haimabargar
bife (m)	बीफ़स्टीक (m)	bīfastīk

conduto (m)	साइड डिश (f)	said dish
espaguete (m)	स्पेचेटी (f)	speghetī
puré (m) de batata	आलू भरता (f)	ālū bharata
pizza (f)	पीट्ज़ा (f)	pītza
papa (f)	दलिया (f)	daliya
omelete (f)	आमलेट (m)	āmalet

cozido em água	उबला	ubala
fumado	धुएँ में पकाया हुआ	dhuen men pakāya hua
frito	भुना	bhuna
seco	सूखा	sūkha
congelado	फ्रोज़न	frozan
em conserva	अचार	achār

doce (açucarado)	मीठा	mītha
salgado	नमकीन	namakīn
frio	ठंडा	thanda
quente	गरम	garam
amargo	कड़वा	karava
gostoso	स्वादिष्ट	svādisht

cozinhar (em água a ferver)	उबलते पानी में पकाना	ubalate pānī men pakāna
fazer, preparar (vt)	खाना बनाना	khāna banāna
fritar (vt)	भूनना	bhūnana
aquecer (vt)	गरम करना	garam karana

salgar (vt)	नमक डालना	namak dālana
apimentar (vt)	मिर्च डालना	mirch dālana
ralar (vt)	कद्दूकश करना	kaddūkash karana
casca (f)	छिलका (f)	chhilaka
descascar (vt)	छिलका निकलना	chhilaka nikalana

41. Especiarias

sal (m)	नमक (m)	namak
salgado	नमकीन	namakīn
salgar (vt)	नमक डालना	namak dālana

pimenta (f) preta	काली मिर्च (f)	kālī mirch
pimenta (f) vermelha	लाल मिर्च (m)	lāl mirch
mostarda (f)	सरसों (m)	sarason
raiz-forte (f)	अरब मूली (f)	arab mūlī

condimento (m)	मसाला (m)	masāla
especiaria (f)	मसाला (m)	masāla
molho (m)	चटनी (f)	chatanī
vinagre (m)	सिरका (m)	siraka

anis (m)	सौंफ़ (f)	saumf
manjericão (m)	तुलसी (f)	tulasī
cravo (m)	लौंग (f)	laung
gengibre (m)	अदरक (m)	adarak
coentro (m)	धनिया (m)	dhaniya
canela (f)	दालचीनी (f)	dālachīnī

sésamo (m)	तिल (m)	til
folhas (f pl) de louro	तेजपत्ता (m)	tejapatta
páprica (f)	लाल शिमला मिर्च पाउडर (m)	lāl shimala mirch paudar
cominho (m)	ज़ीरा (m)	zīra
açafrão (m)	ज़ाफ़रान (m)	zāfarān

42. Refeições

comida (f)	खाना (m)	khāna
comer (vt)	खाना खाना	khāna khāna
pequeno-almoço (m)	नाश्ता (m)	nāshta
tomar o pequeno-almoço	नाश्ता करना	nāshta karana
almoço (m)	दोपहर का भोजन (m)	dopahar ka bhojan
almoçar (vi)	दोपहर का भोजन करना	dopahar ka bhojan karana
jantar (m)	रात्रिभोज (m)	rātribhoj
jantar (vi)	रात्रिभोज करना	rātribhoj karana
apetite (m)	भूख (f)	bhūkh
Bom apetite!	अपने भोजन का आनंद उठाएं!	apane bhojan ka ānand uthaen!
abrir (~ uma lata, etc.)	खोलना	kholana
derramar (vt)	गिराना	girāna
derramar-se (vr)	गिराना	girāna
ferver (vi)	उबालना	ubālana
ferver (vt)	उबालना	ubālana
fervido	उबला हुआ	ubala hua
arrefecer (vt)	ठंडा करना	thanda karana
arrefecer-se (vr)	ठंडा करना	thanda karana
sabor, gosto (m)	स्वाद (m)	svād
gostinho (m)	स्वाद (m)	svād
fazer dieta	वज़न घटाना	vazan ghatāna
dieta (f)	डाइट (m)	dait
vitamina (f)	विटामिन (m)	vitāmin
caloria (f)	कैलोरी (f)	kailorī
vegetariano (m)	शाकाहारी (m)	shākāhārī
vegetariano	शाकाहारी	shākāhārī
gorduras (f pl)	वसा (m pl)	vasa
proteínas (f pl)	प्रोटीन (m pl)	protīn
carboidratos (m pl)	कार्बोहाइड्रेट (m)	kārbohaidret
fatia (~ de limão, etc.)	टुकड़ा (m)	tukara
pedaço (~ de bolo)	टुकड़ा (m)	tukara
migalha (f)	टुकड़ा (m)	tukara

43. Por a mesa

colher (f)	चम्मच (m)	chammach
faca (f)	छुरी (f)	chhurī

garfo (m)	काँटा (m)	kānta
chávena (f)	प्याला (m)	pyāla
prato (m)	तश्तरी (f)	tashtarī
pires (m)	सॉसर (m)	sosar
guardanapo (m)	नैपकीन (m)	naipakīn
palito (m)	टूथपिक (m)	tūthapik

44. Restaurante

restaurante (m)	रेस्टराँ (m)	restarān
café (m)	कॉफ़ी हाउस (m)	kofī haus
bar (m), cervejaria (f)	बार (m)	bār
salão (m) de chá	चायख़ाना (m)	chāyakhāna
empregado (m) de mesa	बैरा (m)	baira
empregada (f) de mesa	बैरी (f)	bairī
barman (m)	बारमैन (m)	bāramain
ementa (f)	मेनू (m)	menū
lista (f) de vinhos	वाइन सूची (f)	vain sūchī
reservar uma mesa	मेज़ बुक करना	mez buk karana
prato (m)	पकवान (m)	pakavān
pedir (vt)	आर्डर देना	ārdar dena
fazer o pedido	आर्डर देना	ārdar dena
aperitivo (m)	एपेरेतीफ़ (m)	eperetīf
entrada (f)	एपेटाइज़र (m)	epetaizar
sobremesa (f)	मीठा (m)	mītha
conta (f)	बिल (m)	bil
pagar a conta	बील का भुगतान करना	bīl ka bhugatān karana
dar o troco	खुले पैसे देना	khule paise dena
gorjeta (f)	टिप (f)	tip

Família, parentes e amigos

45. Informação pessoal. Formulários

nome (m)	पहला नाम (m)	pahala nām
apelido (m)	उपनाम (m)	upanām
data (f) de nascimento	जन्म-दिवस (m)	janm-divas
local (m) de nascimento	मातृभूमि (f)	mātrbhūmi
nacionalidade (f)	नागरिकता (f)	nāgarikata
lugar (m) de residência	निवास स्थान (m)	nivās sthān
país (m)	देश (m)	desh
profissão (f)	पेशा (m)	pesha
sexo (m)	लिंग (m)	ling
estatura (f)	क़द (m)	qad
peso (m)	वज़न (m)	vazan

46. Membros da família. Parentes

mãe (f)	माँ (f)	mān
pai (m)	पिता (m)	pita
filho (m)	बेटा (m)	beta
filha (f)	बेटी (f)	betī
filha (f) mais nova	छोटी बेटी (f)	chhotī betī
filho (m) mais novo	छोटा बेटा (m)	chhota beta
filha (f) mais velha	बड़ी बेटी (f)	barī betī
filho (m) mais velho	बड़ा बेटा (m)	bara beta
irmão (m)	भाई (m)	bhaī
irmã (f)	बहन (f)	bahan
primo (m)	चचेरा भाई (m)	chachera bhaī
prima (f)	चचेरी बहन (f)	chacherī bahan
mamã (f)	अम्मा (f)	amma
papá (m)	पापा (m)	pāpa
pais (pl)	माँ-बाप (m pl)	mān-bāp
criança (f)	बच्चा (m)	bachcha
crianças (f pl)	बच्चे (m pl)	bachche
avó (f)	दादी (f)	dādī
avô (m)	दादा (m)	dāda
neto (m)	पोता (m)	pota
neta (f)	पोती (f)	potī
netos (pl)	पोते (m)	pote
tio (m)	चाचा (m)	chācha
tia (f)	चाची (f)	chāchī

sobrinho (m)	भतीजा (m)	bhatīja
sobrinha (f)	भतीजी (f)	bhatījī

sogra (f)	सास (f)	sās
sogro (m)	ससुर (m)	sasur
genro (m)	दामाद (m)	dāmād
madrasta (f)	सौतेली माँ (f)	sautelī mān
padrasto (m)	सौतेले पिता (m)	sautele pita

criança (f) de colo	दूधमुँहा बच्चा (m)	dudhamunha bachcha
bebé (m)	शिशु (f)	shishu
menino (m)	छोटा बच्चा (m)	chhota bachcha

mulher (f)	पत्नी (f)	patnī
marido (m)	पति (m)	pati
esposo (m)	पति (m)	pati
esposa (f)	पत्नी (f)	patnī

casado	शादीशुदा	shādīshuda
casada	शादीशुदा	shādīshuda
solteiro	अविवाहित	avivāhit
solteirão (m)	कुँआरा (m)	kunāra
divorciado	तलाक़शुदा	talāqashuda
viúva (f)	विधवा (f)	vidhava
viúvo (m)	विधुर (m)	vidhur

parente (m)	रिश्तेदार (m)	rishtedār
parente (m) próximo	सम्बंधी (m)	sambandhī
parente (m) distante	दूर का रिश्तेदार (m)	dūr ka rishtedār
parentes (m pl)	रिश्तेदार (m pl)	rishtedār

órfão (m), órfã (f)	अनाथ (m)	anāth
tutor (m)	अभिभावक (m)	abhibhāvak
adotar (um filho)	लड़का गोद लेना	laraka god lena
adotar (uma filha)	लड़की गोद लेना	larakī god lena

Medicina

47. Doenças

doença (f)	बीमारी (f)	bīmārī
estar doente	बीमार होना	bīmār hona
saúde (f)	सेहत (f)	sehat
nariz (m) a escorrer	नज़ला (m)	nazala
amigdalite (f)	टॉन्सिल (m)	tonsil
constipação (f)	ज़ुकाम (f)	zukām
constipar-se (vr)	ज़ुकाम हो जाना	zukām ho jāna
bronquite (f)	ब्रॉन्काइटिस (m)	bronkaitis
pneumonia (f)	निमोनिया (f)	nimoniya
gripe (f)	फ़्लू (m)	flū
míope	कमबीन	kamabīn
presbita	कमज़ोर दूरदृष्टि	kamazor dūradrshti
estrabismo (m)	तिरछी नज़र (m)	tirachhī nazar
estrábico	तिरछी नज़रवाला	tirachhī nazaravāla
catarata (f)	मोतिया बिंद (m)	motiya bind
glaucoma (m)	काला मोतिया (m)	kāla motiya
AVC (m), apoplexia (f)	स्ट्रोक (m)	strok
ataque (m) cardíaco	दिल का दौरा (m)	dil ka daura
enfarte (m) do miocárdio	मायोकार्डियल इन्फ्राक्शन (m)	māyokārdiyal infārkshan
paralisia (f)	लकवा (m)	lakava
paralisar (vt)	लक़वा मारना	laqava mārana
alergia (f)	एलर्जी (f)	elarjī
asma (f)	दमा (f)	dama
diabetes (f)	शूगर (f)	shūgar
dor (f) de dentes	दाँत दर्द (m)	dānt dard
cárie (f)	दाँत में कीड़ा (m)	dānt men kīra
diarreia (f)	दस्त (m)	dast
prisão (f) de ventre	कब्ज़ (m)	kabz
desarranjo (m) intestinal	पेट ख़राब (m)	pet kharāb
intoxicação (f) alimentar	ख़राब खाने से हुई बीमारी (f)	kharāb khāne se huī bīmārī
intoxicar-se	ख़राब खाने से बीमार पड़ना	kharāb khāne se bīmār parana
artrite (f)	गठिया (m)	gathiya
raquitismo (m)	बालवक्र (m)	bālavakr
reumatismo (m)	आमवात (m)	āmavāt
arteriosclerose (f)	धमनीकलाकाठिन्य (m)	dhamanīkalākāthiny
gastrite (f)	जठर-शोथ (m)	jathar-shoth
apendicite (f)	उण्डुक-शोथ (m)	unduk-shoth

colecistite (f)	पिताशय (m)	pittāshay
úlcera (f)	अल्सर (m)	alsar
sarampo (m)	मीज़ल्स (m)	mīzals
rubéola (f)	जर्मन मीज़ल्स (m)	jarman mīzals
itericia (f)	पीलिया (m)	pīliya
hepatite (f)	हेपेटाइटिस (m)	hepetaitis
esquizofrenia (f)	शीज़ोफ्रेनीय (f)	shīzofreniy
raiva (f)	रेबीज़ (m)	rebīz
neurose (f)	न्यूरोसिस (m)	nyūrosis
comoção (f) cerebral	आघात (m)	āghāt
cancro (m)	कर्क रोग (m)	kark rog
esclerose (f)	काठिन्य (m)	kāthiny
esclerose (f) múltipla	मल्टीपल स्क्लेरोसिस (m)	maltīpal sklerosis
alcoolismo (m)	शराबीपन (m)	sharābīpan
alcoólico (m)	शराबी (m)	sharābī
sífilis (f)	सीफ़िलिस (m)	sīfīlis
SIDA (f)	ऐड्स (m)	aids
tumor (m)	ट्यूमर (m)	tyūmar
maligno	घातक	ghātak
benigno	अर्बुद	arbud
febre (f)	बुखार (m)	bukhār
malária (f)	मलेरिया (f)	maleriya
gangrena (f)	गैन्ग्रीन (m)	gaingrīn
enjoo (m)	जहाज़ी मतली (f)	jahāzī matalī
epilepsia (f)	मिरगी (f)	miragī
epidemia (f)	महामारी (f)	mahāmārī
tifo (m)	टाइफ़स (m)	taifas
tuberculose (f)	टीबी (m)	tībī
cólera (f)	हैज़ा (f)	haiza
peste (f)	प्लेग (f)	pleg

48. Sintomas. Tratamentos. Parte 1

sintoma (m)	लक्षण (m)	lakshan
temperatura (f)	तापमान (m)	tāpamān
febre (f)	बुखार (f)	bukhār
pulso (m)	नब्ज़ (f)	nabz
vertigem (f)	सिर का चक्कर (m)	sir ka chakkar
quente (testa, etc.)	गरम	garam
calafrio (m)	कंपकंपी (f)	kampakampī
pálido	पीला	pīla
tosse (f)	खाँसी (f)	khānsī
tossir (vi)	खाँसना	khānsana
espirrar (vi)	छींकना	chhīnkana
desmaio (m)	बेहोशी (f)	behoshī

desmaiar (vi)	बेहोश होना	behosh hona
nódoa (f) negra	नील (m)	nīl
galo (m)	गुमड़ा (m)	gumara
magoar-se (vr)	चोट लगना	chot lagana
pisadura (f)	चोट (f)	chot
aleijar-se (vr)	घाव लगना	ghāv lagana
coxear (vi)	लँगड़ाना	langarāna
deslocação (f)	हड्डी खिसकना (f)	haddī khisakana
deslocar (vt)	हड्डी खिसकना	haddī khisakana
fratura (f)	हड्डी टूट जाना (f)	haddī tūt jāna
fraturar (vt)	हड्डी टूट जाना	haddī tūt jāna
corte (m)	कट जाना (m)	kat jāna
cortar-se (vr)	ख़ुद को काट लेना	khud ko kāt lena
hemorragia (f)	रक्त-स्राव (m)	rakt-srāv
queimadura (f)	जला होना	jala hona
queimar-se (vr)	जल जाना	jal jāna
picar (vt)	चुभाना	chubhāna
picar-se (vr)	ख़ुद को चुभाना	khud ko chubhāna
lesionar (vt)	घायल करना	ghāyal karana
lesão (m)	चोट (f)	chot
ferida (f), ferimento (m)	घाव (m)	ghāv
trauma (m)	चोट (f)	chot
delirar (vi)	बेहोशी में बड़बड़ाना	behoshī men barabadāna
gaguejar (vi)	हकलाना	hakalāna
insolação (f)	धूप आघात (m)	dhūp āghāt

49. Sintomas. Tratamentos. Parte 2

dor (f)	दर्द (f)	dard
farpa (no dedo)	चुभ जाना (m)	chubh jāna
suor (m)	पसीना (f)	pasīna
suar (vi)	पसीना निकलना	pasīna nikalana
vómito (m)	वमन (m)	vaman
convulsões (f pl)	दौरा (m)	daura
grávida	गर्भवती	garbhavatī
nascer (vi)	जन्म लेना	janm lena
parto (m)	पैदा करना (m)	paida karana
dar à luz	पैदा करना	paida karana
aborto (m)	गर्भपात (m)	garbhapāt
respiração (f)	साँस (f)	sāns
inspiração (f)	साँस अंदर खींचना (f)	sāns andar khīnchana
expiração (f)	साँस बाहर छोड़ना (f)	sāns bāhar chhorana
expirar (vi)	साँस बाहर छोड़ना	sāns bāhar chhorana
inspirar (vi)	साँस अंदर खींचना	sāns andar khīnchana
inválido (m)	अपाहिज (m)	apāhij
aleijado (m)	लूला (m)	lūla

toxicodependente (m)	नशेबाज़ (m)	nashebāz
surdo	बहरा	bahara
mudo	गूँगा	gūnga
surdo-mudo	बहरा और गूँगा	bahara aur gūnga
louco (adj.)	पागल	pāgal
louco (m)	पगला (m)	pagala
louca (f)	पगली (f)	pagalī
ficar louco	पागल हो जाना	pāgal ho jāna
gene (m)	वंशाणु (m)	vanshānu
imunidade (f)	रोग प्रतिरोधक शक्ति (f)	rog pratirodhak shakti
hereditário	जन्मजात	janmajāt
congénito	पैदाइशी	paidaishī
vírus (m)	विषाणु (m)	vishānu
micróbio (m)	कीटाणु (m)	kītānu
bactéria (f)	जीवाणु (m)	jīvānu
infeção (f)	संक्रमण (m)	sankraman

50. Sintomas. Tratamentos. Parte 3

hospital (m)	अस्पताल (m)	aspatāl
paciente (m)	मरीज़ (m)	marīz
diagnóstico (m)	रोग-निर्णय (m)	rog-nirnay
cura (f)	इलाज (m)	ilāj
tratamento (m) médico	चिकित्सीय उपचार (m)	chikitsīy upachār
curar-se (vr)	इलाज कराना	ilāj karāna
tratar (vt)	इलाज करना	ilāj karana
cuidar (pessoa)	देखभाल करना	dekhabhāl karana
cuidados (m pl)	देखभाल (f)	dekhabhāl
operação (f)	ऑपरेशन (m)	opareshan
enfaixar (vt)	पट्टी बाँधना	pattī bāndhana
enfaixamento (m)	पट्टी (f)	pattī
vacinação (f)	टीका (m)	tīka
vacinar (vt)	टीका लगाना	tīka lagāna
injeção (f)	इंजेक्शन (m)	injekshan
dar uma injeção	इंजेक्शन लगाना	injekshan lagāna
amputação (f)	अंगविच्छेद (f)	angavichchhed
amputar (vt)	अंगविच्छेद करना	angavichchhed karana
coma (f)	कोमा (m)	koma
estar em coma	कोमा में चले जाना	koma men chale jāna
reanimação (f)	गहन चिकित्सा (f)	gahan chikitsa
recuperar-se (vr)	ठीक हो जाना	thīk ho jāna
estado (~ de saúde)	हालत (m)	hālat
consciência (f)	होश (m)	hosh
memória (f)	याददाश्त (f)	yādadāsht
tirar (vt)	दाँत निकालना	dānt nikālana
chumbo (m), obturação (f)	भराव (m)	bharāv

chumbar, obturar (vt)	दाँत को भरना	dānt ko bharana
hipnose (f)	हिपनोसिस (m)	hipanosis
hipnotizar (vt)	हिपनोटाइज़ करना	hipanotaiz karana

51. Médicos

médico (m)	डॉक्टर (m)	doktar
enfermeira (f)	नर्स (m)	nars
médico (m) pessoal	निजी डॉक्टर (m)	nijī doktar
dentista (m)	दंत-चिकित्सक (m)	dant-chikitsak
oculista (m)	आँखों का डॉक्टर (m)	ānkhon ka doktar
terapeuta (m)	चिकित्सक (m)	chikitsak
cirurgião (m)	शल्य-चिकित्सक (m)	shaly-chikitsak
psiquiatra (m)	मनोरोग चिकित्सक (m)	manorog chikitsak
pediatra (m)	बाल-चिकित्सक (m)	bāl-chikitsak
psicólogo (m)	मनोवैज्ञानिक (m)	manovaigyānik
ginecologista (m)	प्रसूतिशास्री (f)	prasūtishāsrī
cardiologista (m)	हृदय रोग विशेषज्ञ (m)	hrday rog visheshagy

52. Medicina. Drogas. Acessórios

medicamento (m)	दवा (f)	dava
remédio (m)	दवाई (f)	davaī
receitar (vt)	नुस्ख़ा लिखना	nusakha likhana
receita (f)	नुस्ख़ा (m)	nusakha
comprimido (m)	गोली (f)	golī
pomada (f)	मरहम (m)	maraham
ampola (f)	एम्प्यूल (m)	empyūl
preparado (m)	सिरप (m)	sirap
xarope (m)	शरबत (m)	sharabat
cápsula (f)	गोली (f)	golī
remédio (m) em pó	चूरन (m)	chūran
ligadura (f)	पट्टी (f)	pattī
algodão (m)	रुई का गोला (m)	rūī ka gola
iodo (m)	आयोडीन (m)	āyodīn
penso (m) rápido	बैंड-एड (m)	baind-ed
conta-gotas (m)	आई-ड्रॉपर (m)	āī-dropar
termómetro (m)	थरमामीटर (m)	tharamāmītar
seringa (f)	इंजेक्शन (m)	injekshan
cadeira (f) de rodas	व्हीलचेयर (f)	vhīlacheyar
muletas (f pl)	बैसाखी (m pl)	baisākhī
analgésico (m)	दर्द-निवारक (f)	dard-nivārak
laxante (m)	जुलाब की गोली (f)	julāb kī golī
álcool (m) etílico	स्पिरिट (m)	spirit
ervas (f pl) medicinais	जड़ी-बूटी (f)	jarī-būtī
de ervas (chá ~)	जड़ी-बूटियों से बना	jarī-būtiyon se bana

T&P Books. Vocabulário Português-Hindi - 5000 palavras

HABITAT HUMANO

Cidade

53. Cidade. Vida na cidade

cidade (f)	नगर (m)	nagar
capital (f)	राजधानी (f)	rājadhānī
aldeia (f)	गांव (m)	gānv
mapa (m) da cidade	नगर का नक्शा (m)	nagar ka naksha
centro (m) da cidade	नगर का केन्द्र (m)	nagar ka kendr
subúrbio (m)	उपनगर (m)	upanagar
suburbano	उपनगरिक	upanagarik
periferia (f)	बाहरी इलाका (m)	bāharī ilāka
arredores (m pl)	इर्दगिर्द के इलाके (m pl)	irdagird ke ilāke
quarteirão (m)	सेक्टर (m)	sektar
quarteirão (m) residencial	मुहल्ला (m)	muhalla
tráfego (m)	यातायात (f)	yātāyāt
semáforo (m)	यातायात सिग्नल (m)	yātāyāt signal
transporte (m) público	जन परिवहन (m)	jan parivahan
cruzamento (m)	चौराहा (m)	chaurāha
passadeira (f)	ज़ेबरा क्रॉसिंग (f)	zebara krosing
passagem (f) subterrânea	पैदल यात्रियों के लिए अंडरपास (f)	paidal yātriyon ke lie andarapās
cruzar, atravessar (vt)	सड़क पार करना	sarak pār karana
peão (m)	पैदल-यात्री (m)	paidal-yātrī
passeio (m)	फुटपाथ (m)	futapāth
ponte (f)	पुल (m)	pul
margem (f) do rio	तट (m)	tat
fonte (f)	फौवारा (m)	fauvāra
alameda (f)	छायापथ (f)	chhāyāpath
parque (m)	पार्क (m)	pārk
bulevar (m)	चौड़ी सड़क (m)	chaurī sarak
praça (f)	मैदान (m)	maidān
avenida (f)	मार्ग (m)	mārg
rua (f)	सड़क (f)	sarak
travessa (f)	गली (f)	galī
beco (m) sem saída	बंद गली (f)	band galī
casa (f)	मकान (m)	makān
edifício, prédio (m)	इमारत (f)	imārat
arranha-céus (m)	गगनचुंबी भवन (f)	gaganachumbī bhavan
fachada (f)	अगवाड़ा (m)	agavāra

telhado (m)	छत (f)	chhat
janela (f)	खिड़की (f)	khirakī
arco (m)	मेहराब (m)	meharāb
coluna (f)	स्तंभ (m)	stambh
esquina (f)	कोना (m)	kona
montra (f)	दुकान का शो-केस (m)	dukān ka sho-kes
letreiro (m)	साईनबोर्ड (m)	saīnabord
cartaz (m)	पोस्टर (m)	postar
cartaz (m) publicitário	विज्ञापन पोस्टर (m)	vigyāpan postar
painel (m) publicitário	बिलबोर्ड (m)	bilabord
lixo (m)	कूड़ा (m)	kūra
cesta (f) do lixo	कूड़े का डिब्बा (m)	kūre ka dibba
jogar lixo na rua	कूड़ा-कर्कट डालना	kūra-karkat dālana
aterro (m) sanitário	डम्पिंग ग्राउंड (m)	damping graund
cabine (f) telefónica	फ़ोन बूथ (m)	fon būth
candeeiro (m) de rua	बिजली का खंभा (m)	bijalī ka khambha
banco (m)	पार्क-बेंच (f)	pārk-bench
polícia (m)	पुलिसवाला (m)	pulisavāla
polícia (instituição)	पुलिस (m)	pulis
mendigo (m)	भिखारी (m)	bhikhārī
sem-abrigo (m)	बेघर (m)	beghar

54. Instituições urbanas

loja (f)	दुकान (f)	dukān
farmácia (f)	दवाख़ाना (m)	davākhāna
ótica (f)	चश्मे की दुकान (f)	chashme kī dukān
centro (m) comercial	शॉपिंग मॉल (m)	shoping mol
supermercado (m)	सुपर बाज़ार (m)	supar bāzār
padaria (f)	बेकरी (f)	bekarī
padeiro (m)	बेकर (m)	bekar
pastelaria (f)	टॉफ़ी की दुकान (f)	tofī kī dukān
mercearia (f)	परचून की दुकान (f)	parachūn kī dukān
talho (m)	गोश्त की दुकान (f)	gosht kī dukān
loja (f) de legumes	सब्जियों की दुकान (f)	sabziyon kī dukān
mercado (m)	बाज़ार (m)	bāzār
café (m)	काफ़ी हाउस (m)	kāfī haus
restaurante (m)	रेस्टरॉं (m)	restarān
bar (m), cervejaria (f)	शराबख़ाना (m)	sharābakhāna
pizzaria (f)	पिट्ज़ा की दुकान (f)	pitza kī dukān
salão (m) de cabeleireiro	नाई की दुकान (f)	naī kī dukān
correios (m pl)	डाकघर (m)	dākaghar
lavandaria (f)	ड्राइक्लीनर (m)	draiklīnar
estúdio (m) fotográfico	फ़ोटो की दुकान (f)	foto kī dukān
sapataria (f)	जूते की दुकान (f)	jūte kī dukān
livraria (f)	किताबों की दुकान (f)	kitābon kī dukān

loja (f) de artigos de desporto	खेलकूद की दुकान (f)	khelakūd kī dukān
reparação (f) de roupa	कूपड़ों की मरम्मत की दुकान (f)	kaparon kī marammat kī dukān
aluguer (m) de roupa	कपड़ों को किराए पर देने की दुकान (f)	kaparon ko kirae par dene kī dukān
aluguer (m) de filmes	वीडियो रेन्टल दुकान (f)	vīdiyo rental dukān
circo (m)	सर्कस (m)	sarkas
jardim (m) zoológico	चिड़ियाघर (m)	chiriyāghar
cinema (m)	सिनेमाघर (m)	sinemāghar
museu (m)	संग्रहालय (m)	sangrahālay
biblioteca (f)	पुस्तकालय (m)	pustakālay
teatro (m)	रंगमंच (m)	rangamanch
ópera (f)	ओपेरा (m)	opera
clube (m) noturno	नाईट क्लब (m)	naīt klab
casino (m)	केसिनो (m)	kesino
mesquita (f)	मस्जिद (m)	masjid
sinagoga (f)	सीनागोग (m)	sīnāgog
catedral (f)	गिरजाघर (m)	girajāghar
templo (m)	मंदिर (m)	mandir
igreja (f)	गिरजाघर (m)	girajāghar
instituto (m)	कॉलेज (m)	kolej
universidade (f)	विश्वविद्यालय (m)	vishvavidyālay
escola (f)	विद्यालय (m)	vidyālay
prefeitura (f)	प्रशासक प्रान्त (m)	prashāsak prānt
câmara (f) municipal	सिटी हॉल (m)	sitī hol
hotel (m)	होटल (f)	hotal
banco (m)	बैंक (m)	baink
embaixada (f)	दूतावस (m)	dūtāvas
agência (f) de viagens	पर्यटन आफ़िस (m)	paryatan āfis
agência (f) de informações	पूछताछ कार्यालय (m)	pūchhatāchh kāryālay
casa (f) de câmbio	मुद्रालय (m)	mudrālay
metro (m)	मेट्रो (m)	metro
hospital (m)	अस्पताल (m)	aspatāl
posto (m) de gasolina	पेट्रोल पम्प (f)	petrol pamp
parque (m) de estacionamento	पार्किंग (f)	pārking

55. Sinais

letreiro (m)	साईनबोर्ड	saīnabord
inscrição (f)	दुकान का साईन (m)	dukān ka saīn
cartaz, póster (m)	पोस्टर (m)	postar
sinal (m) informativo	दिशा संकेतक (m)	disha sanketak
seta (f)	तीर दिशा संकेतक (m)	tīr disha sanketak
aviso (advertência)	चेतावनी (f)	chetāvanī
sinal (m) de aviso	चेतावनी संकेतक (m)	chetāvanī sanketak

avisar, advertir (vt)	चेतावनी देना	chetāvanī dena
dia (m) de folga	छुट्टी का दिन (m)	chhuttī ka din
horário (m)	समय सारणी (f)	samay sāranī
horário (m) de funcionamento	खुलने का समय (m)	khulane ka samay
BEM-VINDOS!	आपका स्वागत है!	āpaka svāgat hai!
ENTRADA	प्रवेश	pravesh
SAÍDA	निकास	nikās
EMPURRE	धक्का दें	dhakka den
PUXE	खींचे	khīnche
ABERTO	खुला	khula
FECHADO	बंद	band
MULHER	औरतों के लिये	auraton ke liye
HOMEM	आदमियों के लिये	ādamiyon ke liye
DESCONTOS	डिस्काउन्ट	diskaunt
SALDOS	सेल	sel
NOVIDADE!	नया!	naya!
GRÁTIS	मुफ्त	muft
ATENÇÃO!	ध्यान दें!	dhyān den!
NÃO HÁ VAGAS	कोई जगह खाली नहीं है	koī jagah khālī nahin hai
RESERVADO	रिज़र्वड	rizarvad
ADMINISTRAÇÃO	प्रशासन	prashāsan
SOMENTE PESSOAL AUTORIZADO	केवल कर्मचारियों के लिए	keval karmachāriyon ke lie
CUIDADO CÃO FEROZ	कुत्ते से सावधान!	kutte se sāvadhān!
PROIBIDO FUMAR!	धुम्रपान निषेध!	dhumrapān nishedh!
NÃO TOCAR	छूना मना!	chhūna mana!
PERIGOSO	खतरा	khatara
PERIGO	खतरा	khatara
ALTA TENSÃO	उच्च वोल्टेज	uchch voltej
PROIBIDO NADAR	तैरना मना!	tairana mana!
AVARIADO	ख़राब	kharāb
INFLAMÁVEL	ज्वलनशील	jvalanashīl
PROIBIDO	निषिद्ध	nishiddh
ENTRADA PROIBIDA	प्रवेश निषेध!	pravesh nishedh!
CUIDADO TINTA FRESCA	गीला पेंट	gīla pent

56. Transportes urbanos

autocarro (m)	बस (f)	bas
elétrico (m)	ट्रैम (m)	traim
troleicarro (m)	ट्रॉलीबस (f)	trolības
itinerário (m)	मार्ग (m)	mārg
número (m)	नम्बर (m)	nambar
ir de … (carro, etc.)	के माध्यम से जाना	ke mādhyam se jāna
entrar (~ no autocarro)	सवार होना	savār hona

descer de ...	उतरना	utarana
paragem (f)	बस स्टॉप (m)	bas stop
próxima paragem (f)	अगला स्टॉप (m)	agala stop
ponto (m) final	अंतिम स्टेशन (m)	antim steshan
horário (m)	समय सारणी (f)	samay sāranī
esperar (vt)	इतज़ार करना	intazār karana
bilhete (m)	टिकट (m)	tikat
custo (m) do bilhete	टिकट का किराया (m)	tikat ka kirāya
bilheteiro (m)	कैशियर (m)	kaishiyar
controlo (m) dos bilhetes	टिकट जाँच (f)	tikat jānch
revisor (m)	कंडक्टर (m)	kandaktar
atrasar-se (vr)	देर हो जाना	der ho jāna
perder (o autocarro, etc.)	छूट जाना	chhūt jāna
estar com pressa	जल्दी में रहना	jaldī men rahana
táxi (m)	टैक्सी (m)	taiksī
taxista (m)	टैक्सीवाला (m)	taiksīvāla
de táxi (ir ~)	टैक्सी से (m)	taiksī se
praça (f) de táxis	टैक्सी स्टैंड (m)	taiksī staind
chamar um táxi	टैक्सी बुलाना	taiksī bulāna
apanhar um táxi	टैक्सी लेना	taiksī lena
tráfego (m)	यातायात (f)	yātāyāt
engarrafamento (m)	ट्रैफ़िक जाम (m)	traifik jām
horas (f pl) de ponta	भीड़ का समय (m)	bhīr ka samay
estacionar (vi)	पार्क करना	pārk karana
estacionar (vt)	पार्क करना	pārk karana
parque (m) de estacionamento	पार्किंग (f)	pārking
metro (m)	मेट्रो (m)	metro
estação (f)	स्टेशन (m)	steshan
ir de metro	मेट्रो लेना	metro lena
comboio (m)	रेलगाड़ी, ट्रेन (f)	relagārī, tren
estação (f)	स्टेशन (m)	steshan

57. Turismo

monumento (m)	स्मारक (m)	smārak
fortaleza (f)	किला (m)	kila
palácio (m)	भवन (m)	bhavan
castelo (m)	महल (m)	mahal
torre (f)	मीनार (m)	mīnār
mausoléu (m)	समाधि (f)	samādhi
arquitetura (f)	वस्तुशाला (m)	vastushāla
medieval	मध्ययुगीय	madhayayugīy
antigo	प्राचीन	prāchīn
nacional	राष्ट्रीय	rāshtrīy
conhecido	मशहूर	mashhūr
turista (m)	पर्यटक (m)	paryatak
guia (pessoa)	गाइड (m)	gaid

excursão (f)	पर्यटन यात्रा (m)	paryatan yātra
mostrar (vt)	दिखाना	dikhāna
contar (vt)	बताना	batāna
encontrar (vt)	ढूँढ़ना	dhūnrhana
perder-se (vr)	खो जाना	kho jāna
mapa (~ do metrô)	नक्शा (m)	naksha
mapa (~ da cidade)	नक्शा (m)	naksha
lembrança (f), presente (m)	यादगार (m)	yādagār
loja (f) de presentes	गिफ्ट शॉप (f)	gift shop
fotografar (vt)	फोटो खींचना	foto khīnchana
fotografar-se	अपना फ़ोटो खिंचवाना	apana foto khinchavāna

58. Compras

comprar (vt)	खरीदना	kharīdana
compra (f)	खरीदारी (f)	kharīdārī
fazer compras	खरीदारी करने जाना	kharīdārī karane jāna
compras (f pl)	खरीदारी (f)	kharīdārī
estar aberta (loja, etc.)	खुला होना	khula hona
estar fechada	बन्द होना	band hona
calçado (m)	जूता (m)	jūta
roupa (f)	पोशाक (m)	poshāk
cosméticos (m pl)	श्रृंगार-सामग्री (f)	shrrngār-sāmagrī
alimentos (m pl)	खाने-पीने की चीज़ें (f pl)	khāne-pīne kī chīzen
presente (m)	उपहार (m)	upahār
vendedor (m)	बेचनेवाला (m)	bechanevāla
vendedora (f)	बेचनेवाली (f)	bechanevālī
caixa (f)	कैश-काउन्टर (m)	kaish-kauntar
espelho (m)	आईना (m)	āīna
balcão (m)	काउन्टर (m)	kauntar
cabine (f) de provas	ट्राई करने का कमरा (m)	traī karane ka kamara
provar (vt)	ट्राई करना	traī karana
servir (vi)	फिटिंग करना	fiting karana
gostar (apreciar)	पसंद करना	pasand karana
preço (m)	दाम (m)	dām
etiqueta (f) de preço	प्राइस टैग (m)	prais taig
custar (vt)	दाम होना	dām hona
Quanto?	कितना?	kitana?
desconto (m)	डिस्काउन्ट (m)	diskaunt
não caro	सस्ता	sasta
barato	सस्ता	sasta
caro	महंगा	mahanga
É caro	यह महंगा है	yah mahanga hai
aluguer (m)	रेन्टल (m)	rental
alugar (vestidos, etc.)	किराए पर लेना	kirae par lena

| crédito (m) | क्रेडिट (m) | kredit |
| a crédito | क्रेडिट पर | kredit par |

59. Dinheiro

dinheiro (m)	पैसा (m pl)	paisa
câmbio (m)	मुद्रा विनिमय (m)	mudra vinimay
taxa (f) de câmbio	विनिमय दर (m)	vinimay dar
Caixa Multibanco (m)	एटीएम (m)	etīem
moeda (f)	सिक्का (m)	sikka

| dólar (m) | डॉलर (m) | dolar |
| euro (m) | यूरो (m) | yūro |

lira (f)	लीरा (f)	līra
marco (m)	डचमार्क (m)	dachamārk
franco (m)	फ्रांक (m)	frānk
libra (f) esterlina	पाउन्ड स्टरलिंग (m)	paund staraling
iene (m)	येन (m)	yen

dívida (f)	कर्ज़ (m)	karz
devedor (m)	कर्ज़दार (m)	qarzadār
emprestar (vt)	कर्ज़ देना	karz dena
pedir emprestado	कर्ज़ लेना	karz lena

banco (m)	बैंक (m)	baink
conta (f)	बैंक खाता (m)	baink khāta
depositar na conta	बैंक खाते में जमा करना	baink khāte men jama karana
levantar (vt)	खाते से पैसे निकालना	khāte se paise nikālana

cartão (m) de crédito	क्रेडिट कार्ड (m)	kredit kārd
dinheiro (m) vivo	कैश (m pl)	kaish
cheque (m)	चेक (m)	chek
passar um cheque	चेक लिखना	chek likhana
livro (m) de cheques	चेकबुक (f)	chekabuk

carteira (f)	बटुआ (m)	batua
porta-moedas (m)	बटुआ (m)	batua
cofre (m)	लॉकर (m)	lokar

herdeiro (m)	उत्तराधिकारी (m)	uttarādhikārī
herança (f)	उत्तराधिकार (m)	uttarādhikār
fortuna (riqueza)	संपत्ति (f)	sampatti

arrendamento (m)	किराये पर देना (m)	kirāye par dena
renda (f) de casa	किराया (m)	kirāya
alugar (vt)	किराए पर लेना	kirae par lena

preço (m)	दाम (m)	dām
custo (m)	कीमत (f)	kīmat
soma (f)	रक़म (m)	raqam

| gastar (vt) | खर्च करना | kharch karana |
| gastos (m pl) | खर्च (m pl) | kharch |

economizar (vi)	बचत करना	bachat karana
económico	किफ़ायती	kifāyatī
pagar (vt)	दाम चुकाना	dām chukāna
pagamento (m)	भुगतान (m)	bhugatān
troco (m)	चिल्लर (m)	chillar
imposto (m)	टैक्स (m)	taiks
multa (f)	जुर्माना (m)	jurmāna
multar (vt)	जुर्माना लगाना	jurmāna lagāna

60. Correios. Serviço postal

correios (m pl)	डाकघर (m)	dākaghar
correio (m)	डाक (m)	dāk
carteiro (m)	डाकिया (m)	dākiya
horário (m)	खुलने का समय (m)	khulane ka samay
carta (f)	पत्र (m)	patr
carta (f) registada	रजिस्टरी पत्र (m)	rajistarī patr
postal (m)	पोस्ट कार्ड (m)	post kārd
telegrama (m)	तार (m)	tār
encomenda (f) postal	पार्सल (f)	pārsal
remessa (f) de dinheiro	मनी ट्रांसफर (m)	manī trānsafar
receber (vt)	पाना	pāna
enviar (vt)	भेजना	bhejana
envio (m)	भेज (m)	bhej
endereço (m)	पता (m)	pata
código (m) postal	पिन कोड (m)	pin kod
remetente (m)	भेजनेवाला (m)	bhejanevāla
destinatário (m)	पानेवाला (m)	pānevāla
nome (m)	पहला नाम (m)	pahala nām
apelido (m)	उपनाम (m)	upanām
tarifa (f)	डाक दर (m)	dāk dar
ordinário	मानक	mānak
económico	किफ़ायती	kifāyatī
peso (m)	वज़न (m)	vazan
pesar (estabelecer o peso)	तोलना	tolana
envelope (m)	लिफ़ाफ़ा (m)	lifāfa
selo (m)	डाक टिकट (m)	dāk tikat
colar o selo	डाक टिकट लगाना	dāk tikat lagāna

Moradia. Casa. Lar

61. Casa. Eletricidade

eletricidade (f)	बिजली (f)	bijalī
lâmpada (f)	बल्ब (m)	balb
interruptor (m)	स्विच (m)	svich
fusível (m)	फ्यूज़ बटन (m)	fyūz batan
fio, cabo (m)	तार (m)	tār
instalação (f) elétrica	तार (m)	tār
contador (m) de eletricidade	बिजली का मीटर (m)	bijalī ka mītar
indicação (f), registo (m)	मीटर रीडिंग (f)	mītar rīding

62. Moradia. Mansão

casa (f) de campo	गाँव का मकान (m)	gānv ka makān
vila (f)	बंगला (m)	bangala
ala (~ do edifício)	खंड (m)	khand
jardim (m)	बाग़ (m)	bāg
parque (m)	पार्क (m)	pārk
estufa (f)	ग्रीनहाउस (m)	grīnahaus
cuidar de ...	देखभाल करना	dekhabhāl karana
piscina (f)	तरण-ताल (m)	taran-tāl
ginásio (m)	व्यायाम कक्ष (m)	vyāyām kaksh
campo (m) de ténis	टेनिस-कोर्ट (m)	tenis-kort
cinema (m)	सिनेमाघर (m)	sinemāghar
garagem (f)	गराज (m)	garāj
propriedade (f) privada	नीजी सम्पत्ति (f)	nījī sampatti
terreno (m) privado	नीजी ज़मीन (f)	nījī zamīn
advertência (f)	चेतावनी (f)	chetāvanī
sinal (m) de aviso	चेतावनी संकेत (m)	chetāvanī sanket
guarda (f)	सुरक्षा (f)	suraksha
guarda (m)	पहरेदार (m)	paharedār
alarme (m)	चोर घंटी (f)	chor ghantī

63. Apartamento

apartamento (m)	फ़्लैट (f)	flait
quarto (m)	कमरा (m)	kamara
quarto (m) de dormir	सोने का कमरा (m)	sone ka kamara

sala (f) de jantar	खाने का कमरा (m)	khāne ka kamara
sala (f) de estar	बैठक (f)	baithak
escritório (m)	घरेलू कार्यालय (m)	gharelū kāryālay
antessala (f)	प्रवेश कक्ष (m)	pravesh kaksh
quarto (m) de banho	स्नानघर (m)	snānaghar
toilette (lavabo)	शौचालय (m)	shauchālay
teto (m)	छत (f)	chhat
chão, soalho (m)	फ़र्श (m)	farsh
canto (m)	कोना (m)	kona

64. Mobiliário. Interior

mobiliário (m)	फ़र्निचर (m)	farnichar
mesa (f)	मेज़ (f)	mez
cadeira (f)	कुर्सी (f)	kursī
cama (f)	पलंग (m)	palang
divã (m)	सोफ़ा (m)	sofa
cadeirão (m)	हत्थे वाली कुर्सी (f)	hatthe vālī kursī
estante (f)	किताबों की अलमारी (f)	kitābon kī alamārī
prateleira (f)	शेल्फ़ (f)	shelf
guarda-vestidos (m)	कपड़ों की अलमारी (f)	kaparon kī alamārī
cabide (m) de parede	खूँटी (f)	khūntī
cabide (m) de pé	खूँटी (f)	khūntī
cómoda (f)	कपड़ों की अलमारी (f)	kaparon kī alamārī
mesinha (f) de centro	कॉफ़ी की मेज़ (f)	kofī kī mez
espelho (m)	आईना (m)	āīna
tapete (m)	कालीन (m)	kālīn
tapete (m) pequeno	दरी (f)	darī
lareira (f)	चिमनी (f)	chimanī
vela (f)	मोमबत्ती (f)	momabattī
castiçal (m)	मोमबत्तीदान (m)	momabattīdān
cortinas (f pl)	परदे (m pl)	parade
papel (m) de parede	वॉल पेपर (m)	vol pepar
estores (f pl)	जेलुज़ी (f pl)	jeluzī
candeeiro (m) de mesa	मेज़ का लैम्प (m)	mez ka laimp
candeeiro (m) de parede	दिवार का लैम्प (m)	divār ka laimp
candeeiro (m) de pé	फ़र्श का लैम्प (m)	farsh ka laimp
lustre (m)	झूमर (m)	jhūmar
pé (de mesa, etc.)	पाँव (m)	pānv
braço (m)	कुर्सी का हत्था (m)	kursī ka hattha
costas (f pl)	कुर्सी की पीठ (f)	kursī kī pīth
gaveta (f)	दराज़ (m)	darāz

65. Quarto de dormir

roupa (f) de cama	बिस्तर के कपड़े (m)	bistar ke kapare
almofada (f)	तकिया (m)	takiya
fronha (f)	गिलाफ़ (m)	gilāf
cobertor (m)	रज़ाई (f)	razāī
lençol (m)	चादर (f)	chādar
colcha (f)	चादर (f)	chādar

66. Cozinha

cozinha (f)	रसोईघर (m)	rasoīghar
gás (m)	गैस (m)	gais
fogão (m) a gás	गैस का चूल्हा (m)	gais ka chūlha
fogão (m) elétrico	बिजली का चूल्हा (m)	bijalī ka chūlha
forno (m)	ओवन (m)	ovan
forno (m) de micro-ondas	माइक्रोवेव ओवन (m)	maikrovev ovan
frigorífico (m)	फ्रिज (m)	frij
congelador (m)	फ्रीजर (m)	frījar
máquina (f) de lavar louça	डिशवॉशर (m)	dishavoshar
moedor (m) de carne	कीमा बनाने की मशीन (f)	kīma banāne kī mashīn
espremedor (m)	जूसर (m)	jūsar
torradeira (f)	टोस्टर (m)	tostar
batedeira (f)	मिक्सर (m)	miksar
máquina (f) de café	कॉफ़ी मशीन (f)	kofī mashīn
cafeteira (f)	कॉफ़ी पॉट (m)	kofī pot
moinho (m) de café	कॉफ़ी पीसने की मशीन (f)	kofī pīsane kī mashīn
chaleira (f)	केतली (f)	ketalī
bule (m)	चायदानी (f)	chāyadānī
tampa (f)	ढक्कन (m)	dhakkan
coador (m) de chá	छलनी (f)	chhalanī
colher (f)	चम्मच (m)	chammach
colher (f) de chá	चम्मच (m)	chammach
colher (f) de sopa	चम्मच (m)	chammach
garfo (m)	काँटा (m)	kānta
faca (f)	छुरी (f)	chhurī
louça (f)	बरतन (m)	baratan
prato (m)	तश्तरी (f)	tashtarī
pires (m)	तश्तरी (f)	tashtarī
cálice (m)	जाम (m)	jām
copo (m)	गिलास (m)	gilās
chávena (f)	प्याला (m)	pyāla
açucareiro (m)	चीनीदानी (f)	chīnīdānī
saleiro (m)	नमकदानी (m)	namakadānī
pimenteiro (m)	मिर्चदानी (f)	mirchadānī

manteigueira (f)	मक्खनदानी (f)	makkhanadānī
panela, caçarola (f)	सॉसपैन (m)	sosapain
frigideira (f)	फ्राइ पैन (f)	frai pain
concha (f)	डोई (f)	doī
passador (m)	कालेन्डर (m)	kālendar
bandeja (f)	थाली (m)	thālī
garrafa (f)	बोतल (f)	botal
boião (m) de vidro	शीशी (f)	shīshī
lata (f)	डिब्बा (m)	dibba
abre-garrafas (m)	बोतल ओपनर (m)	botal opanar
abre-latas (m)	ओपनर (m)	opanar
saca-rolhas (m)	पेंचकस (m)	penchakas
filtro (m)	फ़िल्टर (m)	filtar
filtrar (vt)	फ़िल्टर करना	filtar karana
lixo (m)	कूड़ा (m)	kūra
balde (m) do lixo	कूड़े की बाल्टी (f)	kūre kī bāltī

67. Casa de banho

quarto (m) de banho	स्नानघर (m)	snānaghar
água (f)	पानी (m)	pānī
torneira (f)	नल (m)	nal
água (f) quente	गरम पानी (m)	garam pānī
água (f) fria	ठंडा पानी (m)	thanda pānī
pasta (f) de dentes	टूथपेस्ट (m)	tūthapest
escovar os dentes	दांत ब्रश करना	dānt brash karana
barbear-se (vr)	शेव करना	shev karana
espuma (f) de barbear	शेविंग फ़ोम (m)	sheving fom
máquina (f) de barbear	रेज़र (f)	rezar
lavar (vt)	धोना	dhona
lavar-se (vr)	नहाना	nahāna
duche (m)	शावर (m)	shāvar
tomar um duche	शावर लेना	shāvar lena
banheira (f)	बाथटब (m)	bāthatab
sanita (f)	संडास (m)	sandās
lavatório (m)	सिंक (m)	sink
sabonete (m)	साबुन (m)	sābun
saboneteira (f)	साबुनदानी (f)	sābunadānī
esponja (f)	स्पंज (f)	spanj
champô (m)	शैम्पू (m)	shaimpū
toalha (f)	तौलिया (f)	tauliya
roupão (m) de banho	चोगा (m)	choga
lavagem (f)	धुलाई (f)	dhulaī
máquina (f) de lavar	वॉशिंग मशीन (f)	voshing mashīn

lavar a roupa	कपड़े धोना	kapare dhona
detergente (m)	कपड़े धोने का पाउडर (m)	kapare dhone ka paudar

68. Eletrodomésticos

televisor (m)	टीवी सेट (m)	tīvī set
gravador (m)	टेप रिकार्डर (m)	tep rikārdar
videogravador (m)	वीडियो टेप रिकार्डर (m)	vīdiyo tep rikārdar
rádio (m)	रेडियो (m)	rediyo
leitor (m)	प्लेयर (m)	pleyar
projetor (m)	वीडियो प्रोजेक्टर (m)	vīdiyo projektar
cinema (m) em casa	होम थीएटर (m)	hom thīetar
leitor (m) de DVD	डीवीडी प्लेयर (m)	dīvīdī pleyar
amplificador (m)	ध्वनि-विस्तारक (m)	dhvani-vistārak
console (f) de jogos	वीडियो गेम कन्सोल (m)	vīdiyo gem kansol
câmara (f) de vídeo	वीडियो कैमरा (m)	vīdiyo kaimara
máquina (f) fotográfica	कैमरा (m)	kaimara
câmara (f) digital	डीजिटल कैमरा (m)	dījital kaimara
aspirador (m)	वैक्यूम क्लीनर (m)	vaikyūm klīnar
ferro (m) de engomar	इस्तरी (f)	istarī
tábua (f) de engomar	इस्तरी तख्ता (m)	istarī takhta
telefone (m)	टेलीफ़ोन (m)	telīfon
telemóvel (m)	मोबाइल फ़ोन (m)	mobail fon
máquina (f) de escrever	टाइपराइटर (m)	taiparaitar
máquina (f) de costura	सिलाई मशीन (f)	silaī mashīn
microfone (m)	माइक्रोफ़ोन (m)	maikrofon
auscultadores (m pl)	हैड्फ़ोन (m pl)	hairafon
controlo remoto (m)	रिमोट (m)	rimot
CD (m)	सीडी (m)	sīdī
cassete (f)	कैसेट (f)	kaiset
disco (m) de vinil	रिकार्ड (m)	rikārd

ATIVIDADES HUMANAS

Emprego. Negócios. Parte 1

69. Escritório. O trabalho no escritório

escritório (~ de advogados)	कार्यालय (m)	kāryālay
escritório (do diretor, etc.)	कार्यालय (m)	kāryālay
receção (f)	रिसेप्शन (m)	risepshan
secretária (f)	सेक्रटरी (f)	sekratarī
diretor (m)	निदेशक (m)	nideshak
gerente (m)	मैनेजर (m)	mainejar
contabilista (m)	लेखापाल (m)	lekhāpāl
empregado (m)	कर्मचारी (m)	karmachārī
mobiliário (m)	फ़र्निचर (m)	farnichar
mesa (f)	मेज़ (f)	mez
cadeira (f)	कुर्सी (f)	kursī
bloco (m) de gavetas	साइड टेबल (f)	said tebal
cabide (m) de pé	खूँटी (f)	khūntī
computador (m)	कंप्यूटर (m)	kampyūtar
impressora (f)	प्रिन्टर (m)	printar
fax (m)	फ़ैक्स मशीन (f)	faiks mashīn
fotocopiadora (f)	ज़ीरोक्स (m)	zīroks
papel (m)	काग़ज़ (m)	kāgaz
artigos (m pl) de escritório	स्टेशनरी (m pl)	steshanarī
tapete (m) de rato	माउस पैड (m)	maus paid
folha (f) de papel	पन्ना (m)	panna
pasta (f)	बाइन्डर (m)	baindar
catálogo (m)	कैटेलॉग (m)	kaitelog
diretório (f) telefónico	डाइरेक्टरी (f)	dairektarī
documentação (f)	दस्तावेज़ (m)	dastāvez
brochura (f)	पुस्तिका (f)	pustika
flyer (m)	पर्ची (m)	parcha
amostra (f)	नमूना (m)	namūna
formação (f)	प्रशिक्षण बैठक (f)	prashikshan baithak
reunião (f)	बैठक (f)	baithak
hora (f) de almoço	मध्यान्तर (m)	madhyāntar
fazer uma cópia	कॉपी करना	kopī karana
tirar cópias	ज़ीरोक्स करना	zīroks karana
receber um fax	फ़ैक्स मिलना	faiks milana
enviar um fax	फ़ैक्स भेजना	faiks bhejana
fazer uma chamada	फ़ोन करना	fon karana

responder (vt)	जवाब देना	javāb dena
passar (vt)	फ़ोन ट्रांस्फ़र करना	fon trānsfar karana
marcar (vt)	व्यवस्थित करना	vyavasthit karana
demonstrar (vt)	प्रदर्शित करना	pradarshit karana
estar ausente	अनुपस्थित होना	anupasthit hona
ausência (f)	अनुपस्थिती (f)	anupasthitī

70. Processos negociais. Parte 1

ocupação (f)	पेशा (m)	pesha
firma, empresa (f)	कम्पनी (f)	kampanī
companhia (f)	कम्पनी (f)	kampanī
corporação (f)	निगम (m)	nigam
empresa (f)	उद्योग (m)	udyog
agência (f)	एजेंसी (f)	ejensī
acordo (documento)	समझौता (f)	samajhauta
contrato (m)	ठेका (m)	theka
acordo (transação)	सौदा (f)	sauda
encomenda (f)	आर्डर (m)	ārdar
cláusulas (f pl), termos (m pl)	शर्तें (f)	sharten
por grosso (adv)	थोक	thok
por grosso (adj)	थोक	thok
venda (f) por grosso	थोक (m)	thok
a retalho	खुदरा	khudara
venda (f) a retalho	खुदरा (m)	khudara
concorrente (m)	प्रतियोगी (m)	pratiyogī
concorrência (f)	प्रतियोगिता (f)	pratiyogita
competir (vi)	प्रतियोगिता करना	pratiyogita karana
sócio (m)	सहयोगी (f)	sahayogī
parceria (f)	साझेदारी (f)	sājhedārī
crise (f)	संकट (m)	sankat
bancarrota (f)	दिवाला (m)	divāla
entrar em falência	दिवालिया हो जाना	divāliya ho jāna
dificuldade (f)	कठिनाई (f)	kathinaī
problema (m)	समस्या (f)	samasya
catástrofe (f)	दुर्घटना (f)	durghatana
economia (f)	अर्थशास्त्र (f)	arthashāstr
económico	आर्थिक	ārthik
recessão (f) económica	आर्थिक गिरावट (f)	arthik girāvat
objetivo (m)	लक्ष्य (m)	lakshy
tarefa (f)	कार्य (m)	kāry
comerciar (vi, vt)	व्यापार करना	vyāpār karana
rede (de distribuição)	जाल (m)	jāl
estoque (m)	गोदाम (m)	godām
sortimento (m)	किस्म (m)	kism

líder (m)	लीडर (m)	līdar
grande (~ empresa)	विशाल	vishāl
monopólio (m)	एकाधिकार (m)	ekādhikār
teoria (f)	सिद्धांत (f)	siddhānt
prática (f)	व्यवहार (f)	vyavahār
experiência (falar por ~)	अनुभव (m)	anubhav
tendência (f)	प्रवृत्ति (f)	pravrtti
desenvolvimento (m)	विकास (m)	vikās

71. Processos negociais. Parte 2

rentabilidade (f)	लाभ (f)	lābh
rentável	फ़ायदेमन्द	fāyademand
delegação (f)	प्रतिनिधिमंडल (f)	pratinidhimandal
salário, ordenado (m)	आय (f)	āy
corrigir (um erro)	ठीक करना	thīk karana
viagem (f) de negócios	व्यापारिक यात्रा (f)	vyāpārik yātra
comissão (f)	आयोग (f)	āyog
controlar (vt)	जांचना	jānchana
conferência (f)	सम्मेलन (m)	sammelan
licença (f)	अनुज्ञप्ति (f)	anugyapti
confiável	विश्वसनीय	vishvasanīy
empreendimento (m)	पहल (f)	pahal
norma (f)	मानक (m)	mānak
circunstância (f)	परिस्थिति (f)	paristhiti
dever (m)	कर्तव्य (m)	kartavy
empresa (f)	संगठन (f)	sangathan
organização (f)	आयोजन (m)	āyojan
organizado	आयोजित	āyojit
anulação (f)	निरस्तीकरण (m)	nirastīkaran
anular, cancelar (vt)	रद्द करना	radd karana
relatório (m)	रिपोर्ट (m)	riport
patente (f)	पेटेंट (m)	petent
patentear (vt)	पेटेंट करना	petent karana
planear (vt)	योजना बनाना	yojana banāna
prémio (m)	बोनस (m)	bonas
profissional	पेशेवर	peshevar
procedimento (m)	प्रक्रिया (f)	prakriya
examinar (a questão)	विचार करना	vichār karana
cálculo (m)	हिसाब (m)	hisāb
reputação (f)	प्रतिष्ठा (f)	pratishtha
risco (m)	जोखिम (m)	jokhim
dirigir (~ uma empresa)	प्रबंध करना	prabandh karana
informação (f)	सूचना (f)	sūchana
propriedade (f)	जायदाद (f)	jāyadād

união (f)	संघ (m)	sangh
seguro (m) de vida	जीवन-बीमा (m)	jīvan-bīma
fazer um seguro	बीमा करना	bīma karana
seguro (m)	बीमा (m)	bīma

leilão (m)	नीलामी (m pl)	nīlāmī
notificar (vt)	जानकारी देना	jānakārī dena
gestão (f)	प्रबंधन (m)	prabandhan
serviço (indústria de ~s)	सेवा (f)	seva

fórum (m)	मंच (m)	manch
funcionar (vi)	कार्य करना	kāry karana
estágio (m)	चरण (m)	charan
jurídico	कानूनी	kānūnī
jurista (m)	वकील (m)	vakīl

72. Produção. Trabalhos

usina (f)	कारख़ाना (m)	kārakhāna
fábrica (f)	कारख़ाना (m)	kārakhāna
oficina (f)	वर्कशाप (m)	varkashāp
local (m) de produção	उत्पादन स्थल (m)	utpādan sthal

indústria (f)	उद्योग (m)	udyog
industrial	औद्योगिक	audyogik
indústria (f) pesada	भारी उद्योग (m)	bhārī udyog
indústria (f) ligeira	हल्का उद्योग (m)	halka udyog

produção (f)	उत्पाद (m)	utpād
produzir (vt)	उत्पादन करना	utpādan karana
matérias-primas (f pl)	कच्चा माल (m)	kachcha māl

chefe (m) de brigada	फ़ोरमैन (m)	foramain
brigada (f)	मज़दूर दल (m)	mazadūr dal
operário (m)	मज़दूर (m)	mazadūr

dia (m) de trabalho	कार्यदिवस (m)	kāryadivas
pausa (f)	अंतराल (m)	antarāl
reunião (f)	बैठक (f)	baithak
discutir (vt)	चर्चा करना	charcha karana

plano (m)	योजना (f)	yojana
cumprir o plano	योजना बनाना	yojana banāna
taxa (f) de produção	उत्पादन दर (f)	utpādan dar
qualidade (f)	गुणवत्ता (m)	gunavatta
controlo (m)	जाँच (f)	jānch
controlo (m) da qualidade	गुणवत्ता जाँच (f)	gunavatta jānch

segurança (f) no trabalho	कार्यस्थल सुरक्षा (f)	kāryasthal suraksha
disciplina (f)	अनुशासन (m)	anushāsan
infração (f)	उल्लंघन (f)	ullanghan
violar (as regras)	उल्लंघन करना	ullanghan karana
greve (f)	हड़ताल (f)	haratāl
grevista (m)	हड़तालकारी (m)	haratālakārī

estar em greve	हड़ताल करना	haratāl karana
sindicato (m)	ट्रेड-यूनियन (m)	tred-yūniyan

inventar (vt)	आविष्कार करना	āvishkār karana
invenção (f)	आविष्कार (m)	āvishkār
pesquisa (f)	अनुसंधान (f)	anusandhān
melhorar (vt)	सुधारना	sudhārana
tecnologia (f)	प्रौद्योगिकी (f)	praudyogikī
desenho (m) técnico	तकनीकी चित्रकारी (f)	takanīkī chitrakārī

carga (f)	भार (m)	bhār
carregador (m)	कुली (m)	kulī
carregar (vt)	लादना	lādana
carregamento (m)	लादना (m)	lādana
descarregar (vt)	सामान उतारना	sāmān utārana
descarga (f)	उतारना	utārana

transporte (m)	परिवहन (m)	parivahan
companhia (f) de transporte	परिवहन कम्पनी (f)	parivahan kampanī
transportar (vt)	अपवाहन करना	apavāhan karana

vagão (m) de carga	माल गाड़ी (f)	māl gārī
cisterna (f)	टैंकर (m)	tainkar
camião (m)	ट्रक (m)	trak

máquina-ferramenta (f)	मशीनी उपकरण (m)	mashīnī upakaran
mecanismo (m)	यंत्र (m)	yantr

resíduos (m pl) industriais	औद्योगिक अवशेष (m)	audyogik avashesh
embalagem (f)	पैकिंग (f)	paiking
embalar (vt)	पैक करना	paik karana

73. Contrato. Acordo

contrato (m)	ठेका (m)	theka
acordo (m)	समझौता (f)	samajhauta
adenda (f), anexo (m)	परिशिष्ट (f)	parishisht

assinar o contrato	अनुबंध पर हस्ताक्षर करना	anubandh par hastākshar karana
assinatura (f)	हस्ताक्षर (m)	hastākshar
assinar (vt)	हस्ताक्षर करना	hastākshar karana
carimbo (m)	सील (m)	sīl

objeto (m) do contrato	अनुबंध की विषय-वस्तु (f)	anubandh kī vishay-vastu
cláusula (f)	धारा (f)	dhāra
partes (f pl)	पार्टी (f)	pārtī
morada (f) jurídica	कानूनी पता (m)	kānūnī pata

violar o contrato	अनुबंध का उल्लंघन करना	anubandh ka ullanghan karana
obrigação (f)	प्रतिबद्धता (f)	pratibaddhta
responsabilidade (f)	ज़िम्मेदारी (f)	zimmedārī
força (f) maior	अप्रत्याशित घटना (f)	apratyāshit ghatana

litígio (m), disputa (f)	विवाद (m)	vivād
multas (f pl)	जुर्माना (m)	jurmāna

74. Importação & Exportação

importação (f)	आयात (m)	āyāt
importador (m)	आयातकर्ता (m)	āyātakarta
importar (vt)	आयात करना	āyāt karana
de importação	आयातित	āyātit
exportador (m)	निर्यातकर्ता (m)	niryātakarta
exportar (vt)	निर्यात करना	niryāt karana
mercadoria (f)	माल (m)	māl
lote (de mercadorias)	प्रेषित माल (m)	preshit māl
peso (m)	वज़न (m)	vazan
volume (m)	आयतन (m)	āyatan
metro (m) cúbico	घन मीटर (m)	ghan mītar
produtor (m)	उत्पादक (m)	utpādak
companhia (f) de transporte	वाहन कम्पनी (f)	vāhan kampanī
contentor (m)	डिब्बा (m)	dibba
fronteira (f)	सीमा (f)	sīma
alfândega (f)	सीमाशुल्क कार्यालय (f)	sīmāshulk kāryālay
taxa (f) alfandegária	सीमाशुल्क (m)	sīmāshulk
funcionário (m) da alfândega	सीमाशुल्क अधिकारी (m)	sīmāshulk adhikārī
contrabando (atividade)	तस्करी (f)	taskarī
contrabando (produtos)	तस्करी का माल (m)	taskarī ka māl

75. Finanças

ação (f)	शेयर (f)	sheyar
obrigação (f)	बॉंड (m)	bānd
nota (f) promissória	विनिमय पत्र (m)	vinimay patr
bolsa (f)	स्टॉक मार्केट (m)	stok mārket
cotação (m) das ações	शेयर का मूल्य (m)	sheyar ka mūly
tornar-se mais barato	मूल्य कम होना	mūly kam hona
tornar-se mais caro	मूल्य बढ़ जाना	mūly barh jāna
participação (f) maioritária	नियंत्रण हित (f)	niyantran hit
investimento (m)	निवेश (f)	nivesh
investir (vt)	निवेश करना	nivesh karana
percentagem (f)	प्रतिशत (f)	pratishat
juros (m pl)	ब्याज (m pl)	byāj
lucro (m)	नफ़ा (m)	nafa
lucrativo	लाभदायक	lābhadāyak
imposto (m)	कर (f)	kar

divisa (f)	मुद्रा (m)	mudra
nacional	रोष्ट्रीय	rāshtrīy
câmbio (m)	विनिमय (m)	vinimay
contabilista (m)	लेखापाल (m)	lekhāpāl
contabilidade (f)	लेखा विभाग (m)	lekha vibhāg
bancarrota (f)	दिवाला (m)	divāla
falência (f)	वित्तीय पत्तन (m)	vittīy pattan
ruína (f)	बरबादी (m)	barabādī
arruinar-se (vr)	आर्थिक रूप से बरबादी	ārthik rūp se barabādī
inflação (f)	मुद्रास्फीति (f)	mudrāsfīti
desvalorização (f)	अवमूल्यन (m)	avamūlyan
capital (m)	पूँजी (f)	pūnjī
rendimento (m)	आय (f)	āy
volume (m) de negócios	कुल बिक्री (f)	kul bikrī
recursos (m pl)	वित्तीय संसाधन (m)	vittīy sansādhan
recursos (m pl) financeiros	मुद्रागत संसाधन (m)	mudrāgat sansādhan
reduzir (vt)	कम करना	kam karana

76. Marketing

marketing (m)	विपणन (m)	vipanan
mercado (m)	मंडी (f)	mandī
segmento (m) do mercado	बाज़ार क्षेत्र (m)	bāzār kshetr
produto (m)	उत्पाद (m)	utpād
mercadoria (f)	माल (m)	māl
marca (f) comercial	ट्रेड मार्क (m)	tred mārk
logotipo (m)	लोगोटाइप (m)	logotaip
logo (m)	लोगो (m)	logo
demanda (f)	मांग (f)	māng
oferta (f)	आपूर्ति (f)	āpūrti
necessidade (f)	ज़रूरत (f)	zarūrat
consumidor (m)	उपभोक्ता (m)	upabhokta
análise (f)	विश्लेषण (m)	vishleshan
analisar (vt)	विश्लेषण करना	vishleshan karana
posicionamento (m)	स्थिति-निर्धारण (f)	sthiti-nirdhāran
posicionar (vt)	स्थिति-निर्धारण करना	sthiti-nirdhāran karana
preço (m)	दाम (m)	dām
política (f) de preços	मूल्य निर्धारण नीति (f)	mūly nirdhāran nīti
formação (f) de preços	मूल्य स्थापना (f)	mūly sthāpana

77. Publicidade

publicidade (f)	विज्ञापन (m)	vigyāpan
publicitar (vt)	विज्ञापन देना	vigyāpan dena
orçamento (m)	बजट (m)	bajat

anúncio (m) publicitário	विज्ञापन (m)	vigyāpan
publicidade (f) televisiva	टीवी विज्ञापन (m)	tīvī vigyāpan
publicidade (f) na rádio	रेडियो विज्ञापन (m)	rediyo vigyāpan
publicidade (f) exterior	बिलबोर्ड विज्ञापन (m)	bilabord vigyāpan
comunicação (f) de massa	जनसंपर्क माध्यम (m)	janasampark mādhyam
periódico (m)	पत्रिका (f)	patrika
imagem (f)	सार्वजनिक छवि (f)	sārvajanik chhavi
slogan (m)	नारा (m)	nāra
mote (m), divisa (f)	नारा (m)	nāra
campanha (f)	अभियान (m)	abhiyān
companha (f) publicitária	विज्ञापन प्रचार (m)	vigyāpan prachār
grupo (m) alvo	श्रोतागण (f)	shrotāgan
cartão (m) de visita	बिज़नेस कार्ड (m)	bizanes kārd
flyer (m)	पर्चा (f)	parcha
brochura (f)	ब्रोशर (m)	broshar
folheto (m)	पर्चा (f)	parcha
boletim (~ informativo)	सूचनापत्र (m)	sūchanāpatr
letreiro (m)	नेमप्लेट (m)	nemaplet
cartaz, póster (m)	पोस्टर (m)	postar
painel (m) publicitário	इश्तहार (m)	ishtahār

78. Banca

banco (m)	बैंक (m)	baink
sucursal, balcão (f)	शाखा (f)	shākha
consultor (m)	क्लर्क (m)	klark
gerente (m)	मैनेजर (m)	mainejar
conta (f)	बैंक खाता (m)	baink khāta
número (m) da conta	खाते का नम्बर (m)	khāte ka nambar
conta (f) corrente	चालू खाता (m)	chālū khāta
conta (f) poupança	बचत खाता (m)	bachat khāta
abrir uma conta	खाता खोलना	khāta kholana
fechar uma conta	खाता बंद करना	khāta band karana
depositar na conta	खाते में जमा करना	khāte men jama karana
levantar (vt)	खाते से पैसा निकालना	khāte se paisa nikālana
depósito (m)	जमा (m)	jama
fazer um depósito	जमा करना	jama karana
transferência (f) bancária	तार स्थानांतरण (m)	tār sthānāntaran
transferir (vt)	पैसे स्थानांतरित करना	paise sthānāntarit karana
soma (f)	रक़म (m)	raqam
Quanto?	कितना?	kitana?
assinatura (f)	हस्ताक्षर (f)	hastākshar
assinar (vt)	हस्ताक्षर करना	hastākshar karana

cartão (m) de crédito	क्रेडिट कार्ड (m)	kredit kārd
código (m)	पिन कोड (m)	pin kod
número (m) do cartão de crédito	क्रेडिट कार्ड संख्या (f)	kredit kārd sankhya
Caixa Multibanco (m)	एटीएम (m)	etīem
cheque (m)	चेक (m)	chek
passar um cheque	चेक लिखना	chek likhana
livro (m) de cheques	चेकबुक (f)	chekabuk
empréstimo (m)	उधार (m)	uthār
pedir um empréstimo	उधार के लिए आवेदन करना	udhār ke lie āvedan karana
obter um empréstimo	उधार लेना	uthār lena
conceder um empréstimo	उधार देना	uthār dena
garantia (f)	गारन्टी (f)	gārantī

79. Telefone. Conversação telefónica

telefone (m)	फ़ोन (m)	fon
telemóvel (m)	मोबाइल फ़ोन (m)	mobail fon
secretária (f) electrónica	जवाबी मशीन (f)	javābī mashīn
fazer uma chamada	फ़ोन करना	fon karana
chamada (f)	कॉल (m)	kol
marcar um número	नम्बर लगाना	nambar lagāna
Alô!	हेलो!	helo!
perguntar (vt)	पूछना	pūchhana
responder (vt)	जवाब देना	javāb dena
ouvir (vt)	सुनना	sunana
bem	ठीक	thīk
mal	ठीक नहीं	thīk nahin
ruído (m)	आवाज़ें (f)	āvāzen
auscultador (m)	रिसीवर (m)	risīvar
pegar o telefone	फ़ोन उठाना	fon uthāna
desligar (vi)	फ़ोन रखना	fon rakhana
ocupado	बिज़ी	bizī
tocar (vi)	फ़ोन बजना	fon bajana
lista (f) telefónica	टेलीफ़ोन बुक (m)	telīfon buk
local	लोकल	lokal
de longa distância	लंबी दूरी की कॉल	lambī dūrī kī kol
internacional	अंतर्राष्ट्रीय	antarrāshtrīy

80. Telefone móvel

telemóvel (m)	मोबाइल फ़ोन (m)	mobail fon
ecrã (m)	डिस्प्ले (m)	disple
botão (m)	बटन (m)	batan
cartão SIM (m)	सिम कार्ड (m)	sim kārd

bateria (f)	बैटरी (f)	baitarī
descarregar-se	बैटरी डेड हो जाना	baitarī ded ho jāna
carregador (m)	चार्जर (m)	chārjar

menu (m)	मीनू (m)	mīnū
definições (f pl)	सेटिंग्स (f)	setings
melodia (f)	कॉलर ट्यून (m)	kolar tyūn
escolher (vt)	चुनना	chunana

calculadora (f)	कैल्कुलैटर (m)	kailkulaitar
correio (m) de voz	वॉयस मेल (f)	voyas mel
despertador (m)	अलार्म घड़ी (f)	alārm gharī
contatos (m pl)	संपर्क (m)	sampark

mensagem (f) de texto	एसएमएस (m)	esemes
assinante (m)	सदस्य (m)	sadasy

81. Estacionário

caneta (f)	बॉल पेन (m)	bol pen
caneta (f) tinteiro	फाउन्टेन पेन (m)	faunten pen

lápis (m)	पेंसिल (f)	pensil
marcador (m)	हाइलाइटर (m)	hailaitar
caneta (f) de feltro	फ़ेल्ट टिप पेन (m)	felt tip pen

bloco (m) de notas	नोटबुक (m)	notabuk
agenda (f)	डायरी (f)	dāyarī

régua (f)	स्केल (m)	skel
calculadora (f)	कैल्कुलेटर (m)	kailkuletar
borracha (f)	रबड़ (f)	rabar
pionés (m)	थंबटैक (m)	thanrbataik
clipe (m)	पेपर क्लिप (m)	pepar klip

cola (f)	गोंद (f)	gond
agrafador (m)	स्टेप्लर (m)	steplar
furador (m)	होल पंचर (m)	hol panchar
afia-lápis (m)	शार्पनर (m)	shārpanar

82. Tipos de negócios

serviços (m pl) de contabilidade	लेखा सेवा (f)	lekha seva

publicidade (f)	विज्ञापन (m)	vigyāpan
agência (f) de publicidade	विज्ञापन एजन्सी (f)	vigyāpan ejansī
ar (m) condicionado	वातानुकूलक सेवा (f)	vātānukūlak seva
companhia (f) aérea	हवाई कम्पनी (f)	havaī kampanī

bebidas (f pl) alcoólicas	मद्य पदार्थ (m)	mady padārth
comércio (m) de antiguidades	पुरानी चीज़ें (f)	purānī chīzen
galeria (f) de arte	चित्रशाला (f)	chitrashāla

Português	Hindi	Transliteração
serviços (m pl) de auditoria	लेखापरीक्षा सेवा (f)	lekhāparīksha seva
negócios (m pl) bancários	बैंक (m)	baink
bar (m)	बार (m)	bār
salão (m) de beleza	ब्यूटी पार्लर (m)	byūtī pārlar
livraria (f)	किताबों की दुकान (f)	kitābon kī dukān
cervejaria (f)	शराब की भठ्ठी (f)	sharāb kī bhaththī
centro (m) de escritórios	व्यापार केन्द्र (m)	vyāpār kendr
escola (f) de negócios	व्यापार विद्यालय (m)	vyāpār vidyālay
casino (m)	केसिनो (m)	kesino
construção (f)	निर्माण (m)	nirmān
serviços (m pl) de consultoria	परामर्श सेवा (f)	parāmarsh seva
estomatologia (f)	दंतचिकित्सा क्लिनिक (f)	dantachikitsa klinik
design (m)	डिज़ाइन (m)	dizain
farmácia (f)	दवाख़ाना (m)	davākhāna
lavandaria (f)	ड्राइक्लीनिंग (f)	draiklīning
agência (f) de emprego	रोज़गार एजेंसी (f)	rozagār ejensī
serviços (m pl) financeiros	वित्त सेवा (f)	vitt seva
alimentos (m pl)	खाद्य पदार्थ (m)	khādy padārth
agência (f) funerária	शमशान घाट (m)	shamashān ghāt
mobiliário (m)	फ़र्निचर (m)	farnichar
roupa (f)	पोशाक (m)	poshāk
hotel (m)	होटल (m)	hotal
gelado (m)	आईसक्रीम (f)	āīsakrīm
indústria (f)	उद्योग (m)	udyog
seguro (m)	बीमा (m)	bīma
internet (f)	इन्टरनेट (m)	intaranet
investimento (m)	निवेश (f)	nivesh
joalheiro (m)	सुनार (m)	sunār
joias (f pl)	आभूषण (m)	ābhūshan
lavandaria (f)	धोबीघर (m)	dhobīghar
serviços (m pl) jurídicos	कानूनी सलाह (f)	kānūnī salāh
indústria (f) ligeira	हल्का उद्योग (m)	halka udyog
revista (f)	पत्रिका (f)	patrika
vendas (f pl) por catálogo	मेल-ऑर्डर विक्रय (m)	mel-ordar vikray
medicina (f)	औषधि (f)	aushadhi
cinema (m)	सिनेमाघर (m)	sinemāghar
museu (m)	संग्रहालय (m)	sangrahālay
agência (f) de notícias	सूचना केन्द्र (m)	sūchana kendr
jornal (m)	अख़बार (m)	akhabār
clube (m) noturno	नाइट क्लब (m)	nait klab
petróleo (m)	पेट्रोलियम (m)	petroliyam
serviço (m) de encomendas	कुरियर सेवा (f)	kuriyar seva
indústria (f) farmacêutica	औषधि (f)	aushadhi
poligrafia (f)	छपाई (f)	chhapaī
editora (f)	प्रकाशन गृह (m)	prakāshan grh
rádio (m)	रेडियो (m)	rediyo
imobiliário (m)	अचल संपत्ति (f)	achal sampatti

restaurante (m)	रेस्टराँ (m)	restarān
empresa (f) de segurança	सुरक्षा एजेंसी (f)	suraksha ejensī
desporto (m)	क्रीड़ा (f)	krīra
bolsa (f)	स्टॉक मार्केट (m)	stok mārket
loja (f)	दुकान (f)	dukān
supermercado (m)	सुपर बाज़ार (m)	supar bāzār
piscina (f)	तरण-ताल (m)	taran-tāl
alfaiataria (f)	दर्ज़ी (m)	darzī
televisão (f)	टीवी (m)	tīvī
teatro (m)	रंगमंच (m)	rangamanch
comércio (atividade)	व्यापार (m)	vyāpār
serviços (m pl) de transporte	परिवहन (m)	parivahan
viagens (f pl)	पर्यटन (m)	paryatan
veterinário (m)	पशुचिकित्सक (m)	pashuchikitsak
armazém (m)	भंडार (m)	bhandār
recolha (f) do lixo	कूड़ा उठाने की सेवा (f)	kūra uthāne kī seva

Emprego. Negócios. Parte 2

83. Espetáculo. Feira

feira (f)	प्रदर्शनी (f)	pradarshanī
feira (f) comercial	व्यापारिक प्रदर्शनी (f)	vyāpārik pradarshanī
participação (f)	शिरकत (f)	shirakat
participar (vi)	भाग लेना	bhāg lena
participante (m)	प्रतिभागी (m)	pratibhāgī
diretor (m)	निदेशक (m)	nideshak
direção (f)	आयोजकों का कार्यालय (m)	āyojakon ka kāryālay
organizador (m)	आयोजक (m)	āyojak
organizar (vt)	आयोजित करना	āyojit karana
ficha (f) de inscrição	प्रतिभागी प्रपत्र (m)	pratibhāgī prapatr
preencher (vt)	भरना	bharana
detalhes (m pl)	विवरण (m)	vivaran
informação (f)	जानकारी (f)	jānakārī
preço (m)	दाम (m)	dām
incluindo	सहित	sahit
incluir (vt)	शामिल करना	shāmil karana
pagar (vt)	दाम चुकाना	dām chukāna
taxa (f) de inscrição	पंजीकरण शुल्क (f)	panjīkaran shulk
entrada (f)	प्रवेश (m)	pravesh
pavilhão (m)	हॉल (m)	hol
inscrever (vt)	पंजीकरण करवाना	panjīkaran karavāna
crachá (m)	बैज (f)	baij
stand (m)	स्टेंड (m)	stend
reservar (vt)	बुक करना	buk karana
vitrina (f)	प्रदर्शन खिड़की (f)	pradarshan khirakī
foco, spot (m)	स्पॉटलाइट (f)	spotalait
design (m)	डिज़ाइन (m)	dizain
pôr, colocar (vt)	रखना	rakhana
distribuidor (m)	वितरक (m)	vitarak
fornecedor (m)	आपूर्तिकर्ता (m)	āpūrtikarta
país (m)	देश (m)	desh
estrangeiro	विदेश	videsh
produto (m)	उत्पाद (m)	utpād
associação (f)	संस्था (f)	sanstha
sala (f) de conferências	सम्मेलन भवन (m)	sammelan bhavan
congresso (m)	सम्मेलन (m)	sammelan

concurso (m)	प्रतियोगिता (f)	pratiyogita
visitante (m)	सहभागी (m)	sahabhāgī
visitar (vt)	भाग लेना	bhāg lena
cliente (m)	ग्राहक (m)	grāhak

84. Ciência. Investigação. Cientistas

ciência (f)	विज्ञान (m)	vigyān
científico	वैज्ञानिक	vaigyānik
cientista (m)	वैज्ञानिक (m)	vaigyānik
teoria (f)	सिद्धांत (f)	siddhānt
axioma (m)	सिद्ध प्रमाण (m)	siddh pramān
análise (f)	विश्लेषण (m)	vishleshan
analisar (vt)	विश्लेषण करना	vishleshan karana
argumento (m)	तथ्य (m)	tathy
substância (f)	पदार्थ (m)	padārth
hipótese (f)	परिकल्पना (f)	parikalpana
dilema (m)	दुविधा (m)	duvidha
tese (f)	शोधनिबंध (m)	shodhanibandh
dogma (m)	हठधर्मिता (f)	hathadharmita
doutrina (f)	सिद्धांत (m)	siddhānt
pesquisa (f)	शोध (m)	shodh
pesquisar (vt)	शोध करना	shodh karana
teste (m)	जांच (f)	jānch
laboratório (m)	प्रयोगशाला (f)	prayogashāla
método (m)	विधि (f)	vīdhi
molécula (f)	अणु (m)	anu
monitoramento (m)	निगरानी (f)	nigarānī
descoberta (f)	आविष्कार (m)	āvishkār
postulado (m)	स्वसिद्ध (m)	svasiddh
princípio (m)	सिद्धांत (m)	siddhānt
prognóstico (previsão)	पूर्वानुमान (m)	pūrvānumān
prognosticar (vt)	पूर्वानुमान करना	pūrvānumān karana
síntese (f)	संश्लेषण (m)	sanshleshan
tendência (f)	प्रवृत्ति (f)	pravrtti
teorema (m)	प्रमेय (m)	pramey
ensinamentos (m pl)	शिक्षा (f)	shiksha
facto (m)	तथ्य (m)	tathy
expedição (f)	अभियान (m)	abhiyān
experiência (f)	प्रयोग (m)	prayog
académico (m)	अकदमीशियन (m)	akadamīshiyan
bacharel (m)	स्नातक (m)	snātak
doutor (m)	डॉक्टर (m)	doktar
docente (m)	सह - प्राध्यापक (m)	sah - prādhyāpak
mestre (m)	स्नातकोत्तर (m)	snātakottar
professor (m) catedrático	प्रोफ़ेसर (m)	profesar

Profissões e ocupações

85. Procura de emprego. Demissão

trabalho (m)	नौकरी (f)	naukarī
pessoal (m)	कर्मचारी (m)	karmachārī
carreira (f)	व्यवसाय (m)	vyavasāy
perspetivas (f pl)	संभावना (f)	sambhāvana
mestria (f)	हुनर (m)	hunar
seleção (f)	चुनाव (m)	chunāv
agência (f) de emprego	रोज़गार केन्द्र (m)	rozagār kendr
CV, currículo (m)	रेज़्यूम (m)	rijyūm
entrevista (f) de emprego	नौकरी के लिए साक्षात्कार (m)	naukarī ke lie sākshātkār
vaga (f)	रिक्ति (f)	rikti
salário (m)	वेतन (m)	vetan
salário (m) fixo	वेतन (m)	vetan
pagamento (m)	भुगतान (m)	bhugatān
posto (m)	पद (m)	pad
dever (do empregado)	कर्तव्य (m)	kartavy
gama (f) de deveres	कार्य-क्षेत्र (m)	kāry-kshetr
ocupado	व्यस्त	vyast
despedir, demitir (vt)	बरख़ास्त करना	barakhāst karana
demissão (f)	बरख़ास्तगी (f)	barakhāstagī
desemprego (m)	बेरोज़गारी (f)	berozagārī
desempregado (m)	बेरोज़गार (m)	berozagār
reforma (f)	सेवा-निवृत्ति (f)	seva-nivrtti
reformar-se	सेवा-निवृत्त होना	seva-nivrtt hona

86. Gente de negócios

diretor (m)	निदेशक (m)	nideshak
gerente (m)	प्रबंधक (m)	prabandhak
patrão, chefe (m)	मालिक (m)	mālik
superior (m)	वरिष्ठ अधिकारी (m)	varishth adhikārī
superiores (m pl)	वरिष्ठ अधिकारी (m)	varishth adhikārī
presidente (m)	अध्यक्ष (m)	adhyaksh
presidente (m) de direção	सभाध्यक्ष (m)	sabhādhyaksh
substituto (m)	उपाध्यक्ष (m)	upādhyaksh
assistente (m)	सहायक (m)	sahāyak

secretário (m)	सेक्रटरी (f)	sekratarī
secretário (m) pessoal	निजी सहायक (m)	nijī sahāyak
homem (m) de negócios	व्यापारी (m)	vyāpārī
empresário (m)	उद्यमी (m)	udyamī
fundador (m)	संस्थापक (m)	sansthāpak
fundar (vt)	स्थापित करना	sthāpit karana
fundador, sócio (m)	स्थापक (m)	sthāpak
parceiro, sócio (m)	पार्टनर (m)	pārtanar
acionista (m)	शेयर होलडर (m)	sheyar holadar
milionário (m)	लखपति (m)	lakhapati
bilionário (m)	करोड़पति (m)	karorapati
proprietário (m)	मालिक (m)	mālik
proprietário (m) de terras	ज़मीनदार (m)	zamīnadār
cliente (m)	ग्राहक (m)	grāhak
cliente (m) habitual	ख़रीदार (m)	kharīdār
comprador (m)	ग्राहक (m)	grāhak
visitante (m)	आगंतुक (m)	āgantuk
profissional (m)	पेशेवर (m)	peshevar
perito (m)	विशेषज्ञ (m)	visheshagy
especialista (m)	विशेषज्ञ (m)	visheshagy
banqueiro (m)	बैंकर (m)	bainkar
corretor (m)	ब्रोकर (m)	brokar
caixa (m, f)	कैशियर (m)	kaishiyar
contabilista (m)	लेखापाल (m)	lekhāpāl
guarda (m)	पहरेदार (m)	paharedār
investidor (m)	निवेशक (m)	niveshak
devedor (m)	क़र्ज़दार (m)	qarzadār
credor (m)	लेनदार (m)	lenadār
mutuário (m)	क़र्ज़दार (m)	karzadār
importador (m)	आयातकर्ता (m)	āyātakartta
exportador (m)	निर्यातकर्ता (m)	niryātakartta
produtor (m)	उत्पादक (m)	utpādak
distribuidor (m)	वितरक (m)	vitarak
intermediário (m)	बिचौलिया (m)	bichauliya
consultor (m)	सलाहकार (m)	salāhakār
representante (m)	बिक्री प्रतिनिधि (m)	bikrī pratinidhi
agente (m)	एजेंट (m)	ejent
agente (m) de seguros	बीमा एजन्ट (m)	bīma ejant

87. Profissões de serviços

cozinheiro (m)	बावरची (m)	bāvarachī
cozinheiro chefe (m)	मुख्य बावरची (m)	mukhy bāvarachī
padeiro (m)	बेकर (m)	bekar

barman (m)	बारेटेन्डर (m)	bāretendar
empregado (m) de mesa	बैरा (m)	baira
empregada (f) de mesa	बैरा (f)	baira
advogado (m)	वकील (m)	vakīl
jurista (m)	वकील (m)	vakīl
notário (m)	नोटरी (m)	notarī
eletricista (m)	बिजलीवाला (m)	bijalīvāla
canalizador (m)	प्लम्बर (m)	plambar
carpinteiro (m)	बढ़ई (m)	barhī
massagista (m)	मालिशिया (m)	mālishiya
massagista (f)	मालिशिया (m)	mālishiya
médico (m)	चिकित्सक (m)	chikitsak
taxista (m)	टैक्सीवाला (m)	taiksīvāla
condutor (automobilista)	ड्राइवर (m)	draivar
entregador (m)	कूरियर (m)	kūriyar
camareira (f)	चैम्बरमेड (f)	chaimbaramed
guarda (m)	पहरेदार (m)	paharedār
hospedeira (f) de bordo	एयर होस्टेस (f)	eyar hostes
professor (m)	शिक्षक (m)	shikshak
bibliotecário (m)	पुस्तकाध्यक्ष (m)	pustakādhyaksh
tradutor (m)	अनुवादक (m)	anuvādak
intérprete (m)	दुभाषिया (m)	dubhāshiya
guia (pessoa)	गाइड (m)	gaid
cabeleireiro (m)	नाई (m)	naī
carteiro (m)	डाकिया (m)	dākiya
vendedor (m)	विक्रेता (m)	vikreta
jardineiro (m)	माली (m)	mālī
criado (m)	नौकर (m)	naukar
criada (f)	नौकरानी (f)	naukarānī
empregada (f) de limpeza	सफ़ाईवाली (f)	safaīvālī

88. Profissões militares e postos

soldado (m) raso	सैनिक (m)	sainik
sargento (m)	सार्जेंट (m)	sārjent
tenente (m)	लेफ्टिनेंट (m)	leftinent
capitão (m)	कैप्टन (m)	kaiptan
major (m)	मेजर (m)	mejar
coronel (m)	कर्नल (m)	karnal
general (m)	जनरल (m)	janaral
marechal (m)	मार्शल (m)	mārshal
almirante (m)	एडमिरल (m)	edamiral
militar (m)	सैनिक (m)	sainik
soldado (m)	सिपाही (m)	sipāhī

oficial (m)	अफ़सर (m)	afsar
comandante (m)	कमांडर (m)	kamāndar
guarda (m) fronteiriço	सीमा रक्षक (m)	sīma rakshak
operador (m) de rádio	रेडियो ऑपरेटर (m)	rediyo oparetar
explorador (m)	गुप्तचर (m)	guptachar
sapador (m)	युद्ध इंजीनियर (m)	yuddh injīniyar
atirador (m)	तीरंदाज़ (m)	tīrandāz
navegador (m)	नैवीगेटर (m)	naivīgetar

89. Oficiais. Padres

rei (m)	बादशाह (m)	bādashāh
rainha (f)	महारानी (f)	mahārānī
príncipe (m)	राजकुमार (m)	rājakumār
princesa (f)	राजकुमारी (f)	rājakumārī
czar (m)	राजा (m)	rāja
czarina (f)	रानी (f)	rānī
presidente (m)	राष्ट्रपति (m)	rāshtrapati
ministro (m)	मंत्री (m)	mantrī
primeiro-ministro (m)	प्रधान मंत्री (m)	pradhān mantrī
senador (m)	सांसद (m)	sānsad
diplomata (m)	राजनयिक (m)	rājanayik
cônsul (m)	राजनयिक (m)	rājanayik
embaixador (m)	राजदूत (m)	rājadūt
conselheiro (m)	राजनयिक परामर्शदाता (m)	rājanayik parāmarshadāta
funcionário (m)	अधिकारी (m)	adhikārī
prefeito (m)	अधिकारी (m)	adhikārī
Presidente (m) da Câmara	मेयर (m)	meyar
juiz (m)	न्यायाधीश (m)	nyāyādhīsh
procurador (m)	अभियोक्ता (m)	abhiyokta
missionário (m)	पादरी (m)	pādarī
monge (m)	मठवासी (m)	mathavāsī
abade (m)	मठाधीश (m)	mathādhīsh
rabino (m)	रब्बी (m)	rabbī
vizir (m)	वज़ीर (m)	vazīr
xá (m)	शाह (m)	shāh
xeque (m)	शेख़ (m)	shekh

90. Profissões agrícolas

apicultor (m)	मधुमक्खी-पालक (m)	madhumakkhī-pālak
pastor (m)	चरवाहा (m)	charavāha
agrónomo (m)	कृषिविज्ञानी (m)	krshivigyānī
criador (m) de gado	पशुपालक (m)	pashupālak

veterinário (m)	पशुचिकित्सक (m)	pashuchikitsak
agricultor (m)	किसान (m)	kisān
vinicultor (m)	मदिराकारी (m)	madirākārī
zoólogo (m)	जीव विज्ञानी (m)	jīv vigyānī
cowboy (m)	चरवाहा (m)	charavāha

91. Profissões artísticas

ator (m)	अभिनेता (m)	abhineta
atriz (f)	अभिनेत्री (f)	abhinetrī
cantor (m)	गायक (m)	gāyak
cantora (f)	गायिका (f)	gāyika
bailarino (m)	नर्तक (m)	nartak
bailarina (f)	नर्तकी (f)	nartakī
artista (m)	अदाकार (m)	adākār
artista (f)	अदाकारा (f)	adākāra
músico (m)	साज़िन्दा (m)	sāzinda
pianista (m)	पियानो वादक (m)	piyāno vādak
guitarrista (m)	गिटार वादक (m)	gitār vādak
maestro (m)	बैंड कंडक्टर (m)	baind kandaktar
compositor (m)	संगीतकार (m)	sangītakār
empresário (m)	इम्प्रेसारियो (m)	impresāriyo
realizador (m)	निर्देशक (m)	nirdeshak
produtor (m)	प्रोड्यूसर (m)	prodyūsar
argumentista (m)	लेखक (m)	lekhak
crítico (m)	आलोचक (m)	ālochak
escritor (m)	लेखक (m)	lekhak
poeta (m)	कवि (m)	kavi
escultor (m)	मूर्तिकार (m)	mūrtikār
pintor (m)	चित्रकार (m)	chitrakār
malabarista (m)	बाज़ीगर (m)	bāzīgar
palhaço (m)	जोकर (m)	jokar
acrobata (m)	कलाबाज़ (m)	kalābāz
mágico (m)	जादूगर (m)	jādūgar

92. Várias profissões

médico (m)	चिकित्सक (m)	chikitsak
enfermeira (f)	नर्स (m)	nars
psiquiatra (m)	मनोचिकित्सक (m)	manochikitsak
estomatologista (m)	दंतचिकित्सक (m)	dantachikitsak
cirurgião (m)	शल्य-चिकित्सक (m)	shaly-chikitsak
astronauta (m)	अंतरिक्षयात्री (m)	antarikshayātrī

astrónomo (m)	खगोल-विज्ञानी (m)	khagol-vigyānī
piloto (m)	पाइलट (m)	pailat
motorista (m)	ड्राइवर (m)	draivar
maquinista (m)	इंजन ड्राइवर (m)	injan draivar
mecânico (m)	मैकेनिक (m)	maikenik
mineiro (m)	खनिक (m)	khanik
operário (m)	मज़दूर (m)	mazadūr
serralheiro (m)	ताला बनानेवाला (m)	tāla banānevāla
marceneiro (m)	बढ़ई (m)	barhī
torneiro (m)	खरादी (m)	kharādī
construtor (m)	मज़ूदर (m)	mazūdar
soldador (m)	वेल्डर (m)	veldar
professor (m) catedrático	प्रोफ़ेसर (m)	profesar
arquiteto (m)	वास्तुकार (m)	vāstukār
historiador (m)	इतिहासकार (m)	itihāsakār
cientista (m)	वैज्ञानिक (m)	vaigyānik
físico (m)	भौतिक विज्ञानी (m)	bhautik vigyānī
químico (m)	रसायनविज्ञानी (m)	rasāyanavigyānī
arqueólogo (m)	पुरातत्ववेद (m)	purātatvavid
geólogo (m)	भूविज्ञानी (m)	bhūvigyānī
pesquisador (cientista)	शोधकर्ती (m)	shodhakarta
babysitter (f)	दाई (f)	daī
professor (m)	शिक्षक (m)	shikshak
redator (m)	संपादक (m)	sampādak
redator-chefe (m)	मुख्य संपादक (m)	mūkhy sampādak
correspondente (m)	पत्रकार (m)	patrakār
datilógrafa (f)	टाइपिस्ट (f)	taipist
designer (m)	डिज़ाइनर (m)	dizainar
especialista (m) em informática	कंप्यूटर विशेषज्ञ (m)	kampyūtar visheshagy
programador (m)	प्रोग्रामर (m)	progrāmar
engenheiro (m)	इंजीनियर (m)	injīniyar
marujo (m)	मल्लाह (m)	mallāh
marinheiro (m)	मल्लाह (m)	mallāh
salvador (m)	बचानेवाला (m)	bachānevāla
bombeiro (m)	दमकल कर्मचारी (m)	damakal karmachārī
polícia (m)	पुलिसवाला (m)	pulisavāla
guarda-noturno (m)	पहरेदार (m)	paharedār
detetive (m)	जासूस (m)	jāsūs
funcionário (m) da alfândega	सीमाशुल्क अधिकारी (m)	sīmāshulk adhikārī
guarda-costas (m)	अंगरक्षक (m)	angarakshak
guarda (m) prisional	जेल का पहरेदार (m)	jel ka paharedār
inspetor (m)	अधीक्षक (m)	adhīkshak
desportista (m)	खिलाड़ी (m)	khilārī
treinador (m)	प्रशिक्षक (m)	prashikshak
talhante (m)	कसाई (m)	kasaī

sapateiro (m)	मोची (m)	mochī
comerciante (m)	व्यापारी (m)	vyāpārī
carregador (m)	कुली (m)	kulī
estilista (m)	फैशन डिज़ाइनर (m)	faishan dizainar
modelo (f)	मॉडल (m)	modal

93. Ocupações. Estatuto social

aluno, escolar (m)	छात्र (m)	chhātr
estudante (~ universitária)	विद्यार्थी (m)	vidyārthī
filósofo (m)	दर्शनशास्त्री (m)	darshanashāstrī
economista (m)	अर्थशास्त्री (m)	arthashāstrī
inventor (m)	आविष्कारक (m)	āvishkārak
desempregado (m)	बेरोज़गार (m)	berozagār
reformado (m)	सेवा-निवृत्त (m)	seva-nivrtt
espião (m)	गुप्तचर (m)	guptachar
preso (m)	क़ैदी (m)	qaidī
grevista (m)	हड़तालकारी (m)	haratālakārī
burocrata (m)	अफ़सरशाह (m)	afasarashāh
viajante (m)	यात्री (m)	yātrī
homossexual (m)	समलैंगिक (m)	samalaingik
hacker (m)	हैकर (m)	haikar
bandido (m)	डाकू (m)	dākū
assassino (m) a soldo	हत्यारा (m)	hatyāra
toxicodependente (m)	नशेबाज़ (m)	nashebāz
traficante (m)	नशीली दवाओं का विक्रेता (m)	nashīlī davaon ka vikreta
prostituta (f)	वैश्या (f)	vaishya
chulo (m)	दलाल (m)	dalāl
bruxo (m)	जादूगर (m)	jādūgar
bruxa (f)	डायन (f)	dāyan
pirata (m)	समुद्री लूटेरा (m)	samudrī lūtera
escravo (m)	दास (m)	dās
samurai (m)	सामुराई (m)	sāmuraī
selvagem (m)	जंगली (m)	jangalī

Educação

94. Escola

escola (f)	पाठशाला (m)	pāthashāla
diretor (m) de escola	प्रिंसिपल (m)	prinsipal
aluno (m)	छात्र (m)	chhātr
aluna (f)	छात्रा (f)	chhātra
escolar (m)	छात्र (m)	chhātr
escolar (f)	छात्रा (f)	chhātra
ensinar (vt)	पढ़ाना	parhāna
aprender (vt)	पढ़ना	parhana
aprender de cor	याद करना	yād karana
estudar (vi)	सीखना	sīkhana
andar na escola	स्कूल में पढ़ना	skūl men parhana
ir à escola	स्कूल जाना	skūl jāna
alfabeto (m)	वर्णमाला (f)	varnamāla
disciplina (f)	विषय (m)	vishay
sala (f) de aula	कक्षा (f)	kaksha
lição (f)	पाठ (m)	pāth
recreio (m)	अंतराल (m)	antarāl
toque (m)	स्कूल की घंटी (f)	skūl kī ghantī
carteira (f)	बेंच (f)	bench
quadro (m) negro	चॉकबोर्ड (m)	chokabord
nota (f)	अंक (m)	ank
boa nota (f)	अच्छे अंक (m)	achchhe ank
nota (f) baixa	कम अंक (m)	kam ank
dar uma nota	मार्क्स देना	mārks dena
erro (m)	ग़लती (f)	galatī
fazer erros	ग़लती करना	galatī karana
corrigir (vt)	ठीक करना	thīk karana
cábula (f)	कुंजी (f)	kunjī
dever (m) de casa	गृहकार्य (m)	grhakāry
exercício (m)	अभ्यास (m)	abhyās
estar presente	उपस्थित होना	upasthit hona
estar ausente	अनुपस्थित होना	anupasthit hona
punir (vt)	सज़ा देना	saza dena
punição (f)	सज़ा (f)	saza
comportamento (m)	बरताव (m)	baratāv

boletim (m) escolar	रिपोर्ट कार्ड (f)	riport kārd
lápis (m)	पेंसिल (f)	pensil
borracha (f)	रबड़ (f)	rabar
giz (m)	चॉक (m)	chok
estojo (m)	पेंसिल का डिब्बा (m)	pensil ka dibba
pasta (f) escolar	बस्ता (m)	basta
caneta (f)	कलम (m)	kalam
caderno (m)	कॉपी (f)	kopī
manual (m) escolar	पाठ्यपुस्तक (f)	pāthyapustak
compasso (m)	कंपास (m)	kampās
traçar (vt)	तकनीकी चित्रकारी बनाना	takanīkī chitrakārī banāna
desenho (m) técnico	तकनीकी चित्रकारी (f)	takanīkī chitrakārī
poesia (f)	कविता (f)	kavita
de cor	रटकर	ratakar
aprender de cor	याद करना	yād karana
férias (f pl)	छुट्टियाँ (f pl)	chhuttiyān
estar de férias	छुट्टी पर होना	chhuttī par hona
teste (m)	परीक्षा (f)	parīksha
composição, redação (f)	रचना (f)	rachana
ditado (m)	श्रुतलेख (m)	shrutalekh
exame (m)	परीक्षा (f)	parīksha
fazer exame	परीक्षा देना	parīksha dena
experiência (~ química)	परीक्षण (m)	parīkshan

95. Colégio. Universidade

academia (f)	अकादमी (f)	akādamī
universidade (f)	विश्वविद्यालय (m)	vishvavidyālay
faculdade (f)	संकाय (f)	sankāy
estudante (m)	छात्र (m)	chhātr
estudante (f)	छात्रा (f)	chhātra
professor (m)	अध्यापक (m)	adhyāpak
sala (f) de palestras	व्याख्यान कक्ष (m)	vyākhyān kaksh
graduado (m)	स्नातक (m)	snātak
diploma (m)	डिप्लोमा (m)	diploma
tese (f)	शोधनिबंध (m)	shodhanibandh
estudo (obra)	अध्ययन (m)	adhyayan
laboratório (m)	प्रयोगशाला (f)	prayogashāla
palestra (f)	व्याख्यान (f)	vyākhyān
colega (m) de curso	सहपाठी (m)	sahapāthī
bolsa (f) de estudos	छात्रवृत्ति (f)	chhātravrtti
grau (m) académico	शैक्षणिक डिग्री (f)	shaikshanik digrī

96. Ciências. Disciplinas

matemática (f)	गणितशास्त्र (m)	ganitashāstr
álgebra (f)	बीजगणित (m)	bījaganit
geometria (f)	रेखागणित (m)	rekhāganit
astronomia (f)	खगोलवैज्ञान (m)	khagolavaigyān
biologia (f)	जीवविज्ञान (m)	jīvavigyān
geografia (f)	भूगोल (m)	bhūgol
geologia (f)	भूविज्ञान (m)	bhūvigyān
história (f)	इतिहास (m)	itihās
medicina (f)	चिकित्सा (m)	chikitsa
pedagogia (f)	शिक्षाविज्ञान (m)	shikshāvigyān
direito (m)	कानून (m)	kānūn
física (f)	भौतिकविज्ञान (m)	bhautikavigyān
química (f)	रसायन (m)	rasāyan
filosofia (f)	दर्शनशास्त्र (m)	darshanashāstr
psicologia (f)	मनोविज्ञान (m)	manovigyān

97. Sistema de escrita. Ortografia

gramática (f)	व्याकरण (m)	vyākaran
vocabulário (m)	शब्दावली (f)	shabdāvalī
fonética (f)	स्वरविज्ञान (m)	svaravigyān
substantivo (m)	संज्ञा (f)	sangya
adjetivo (m)	विशेषण (m)	visheshan
verbo (m)	क्रिया (m)	kriya
advérbio (m)	क्रिया विशेषण (f)	kriya visheshan
pronome (m)	सर्वनाम (m)	sarvanām
interjeição (f)	विस्मयादिबोधक (m)	vismayādibodhak
preposição (f)	पूर्वसर्ग (m)	pūrvasarg
raiz (f) da palavra	मूल शब्द (m)	mūl shabd
terminação (f)	अन्त्याक्षर (m)	antyākshar
prefixo (m)	उपसर्ग (m)	upasarg
sílaba (f)	अक्षर (m)	akshar
sufixo (m)	प्रत्यय (m)	pratyay
acento (m)	बल चिह्न (m)	bal chihn
apóstrofo (m)	वर्णलोप चिह्न (m)	varnalop chihn
ponto (m)	पूर्णविराम (m)	pūrnavirām
vírgula (f)	उपविराम (m)	upavirām
ponto e vírgula (m)	अर्धविराम (m)	ardhavirām
dois pontos (m pl)	कोलन (m)	kolan
reticências (f pl)	तीन बिन्दु (m)	tīn bindu
ponto (m) de interrogação	प्रश्न चिह्न (m)	prashn chihn
ponto (m) de exclamação	विस्मयादिबोधक चिह्न (m)	vismayādibodhak chihn

aspas (f pl)	उद्धरण चिह्न (m)	uddharan chihn
entre aspas	उद्धरण चिह्न में	uddharan chihn men
parênteses (m pl)	कोष्ठक (m pl)	koshthak
entre parênteses	कोष्ठक में	koshthak men

hífen (m)	हाइफन (m)	haifan
travessão (m)	डैश (m)	daish
espaço (m)	रिक्त स्थान (m)	rikt sthān

letra (f)	अक्षर (m)	akshar
letra (f) maiúscula	बड़ा अक्षर (m)	bara akshar

vogal (f)	स्वर (m)	svar
consoante (f)	समस्वर (m)	samasvar

frase (f)	वाक्य (m)	vāky
sujeito (m)	कर्ता (m)	kartta
predicado (m)	विधेय (m)	vidhey

linha (f)	पंक्ति (f)	pankti
em uma nova linha	नई पंक्ति पर	naī pankti par
parágrafo (m)	अनुच्छेद (m)	anuchchhed

palavra (f)	शब्द (m)	shabd
grupo (m) de palavras	शब्दों का समूह (m)	shabdon ka samūh
expressão (f)	अभिव्यक्ति (f)	abhivyakti
sinónimo (m)	समनार्थिक शब्द (m)	samanārthak shabd
antónimo (m)	विपरीतार्थी शब्द (m)	viparītārthī shabd

regra (f)	नियम (m)	niyam
exceção (f)	अपवाद (m)	apavād
correto	ठीक	thīk

conjugação (f)	क्रियारूप संयोजन (m)	kriyārūp sanyojan
declinação (f)	विभक्ति-रूप (m)	vibhakti-rūp
caso (m)	कारक (m)	kārak
pergunta (f)	प्रश्न (m)	prashn
sublinhar (vt)	रेखांकित करना	rekhānkit karana
linha (f) pontilhada	बिन्दुरेखा (f)	bindurekha

98. Línguas estrangeiras

língua (f)	भाषा (f)	bhāsha
língua (f) estrangeira	विदेशी भाषा (f)	videshī bhāsha
estudar (vt)	पढ़ना	parhana
aprender (vt)	सीखना	sīkhana

ler (vt)	पढ़ना	parhana
falar (vi)	बोलना	bolana
compreender (vt)	समझना	samajhana
escrever (vt)	लिखना	likhana

rapidamente	तेज़	tez
devagar	धीरे	dhīre

fluentemente	धड़ल्ले से	dharalle se
regras (f pl)	नियम (m pl)	niyam
gramática (f)	व्याकरण (m)	vyākaran
vocabulário (m)	शब्दावली (f)	shabdāvalī
fonética (f)	स्वरविज्ञान (m)	svaravigyān
manual (m) escolar	पाठ्यपुस्तक (f)	pāthyapustak
dicionário (m)	शब्दकोश (m)	shabdakosh
manual (m) de autoaprendizagem	स्वयंशिक्षक पुस्तक (m)	svayanshikshak pustak
guia (m) de conversação	वार्तालाप-पुस्तिका (f)	vārttālāp-pustika
cassete (f)	कैसेट (f)	kaiset
vídeo cassete (m)	वीडियो कैसेट (m)	vīdiyo kaiset
CD (m)	सीडी (m)	sīdī
DVD (m)	डीवीडी (m)	dīvīdī
alfabeto (m)	वर्णमाला (f)	varnamāla
soletrar (vt)	हिज्जे करना	hijje karana
pronúncia (f)	उच्चारण (m)	uchchāran
sotaque (m)	लहज़ा (m)	lahaza
com sotaque	लहज़े के साथ	lahaze ke sāth
sem sotaque	बिना लहज़े	bina lahaze
palavra (f)	शब्द (m)	shabd
sentido (m)	मतलब (m)	matalab
cursos (m pl)	पाठ्यक्रम (m)	pāthyakram
inscrever-se (vr)	सदस्य बनना	sadasy banana
professor (m)	शिक्षक (m)	shikshak
tradução (processo)	तर्जुमा (m)	tarjuma
tradução (texto)	अनुवाद (m)	anuvād
tradutor (m)	अनुवादक (m)	anuvādak
intérprete (m)	दुभाषिया (m)	dubhāshiya
poliglota (m)	बहुभाषी (m)	bahubhāshī
memória (f)	स्मृति (f)	smrti

Descanso. Entretenimento. Viagens

99. Viagens

Português	Hindi	Transliteração
turismo (m)	पर्यटन (m)	paryatan
turista (m)	पर्यटक (m)	paryatak
viagem (f)	यात्रा (f)	yātra
aventura (f)	जाँबाज़ी (f)	jānbāzī
viagem (f)	यात्रा (f)	yātra
férias (f pl)	छुट्टी (f)	chhuttī
estar de férias	छुट्टी पर होना	chhuttī par hona
descanso (m)	आराम (m)	ārām
comboio (m)	रेलगाड़ी, ट्रेन (f)	relagārī, tren
de comboio (chegar ~)	रैलगाड़ी से	railagārī se
avião (m)	विमान (m)	vimān
de avião	विमान से	vimān se
de carro	कार से	kār se
de navio	जहाज़ पर	jahāz par
bagagem (f)	सामान (m)	sāmān
mala (f)	सूटकेस (m)	sūtakes
carrinho (m)	सामान के लिये गाड़ी (f)	sāmān ke liye gārī
passaporte (m)	पासपोर्ट (m)	pāsaport
visto (m)	वीज़ा (m)	vīza
bilhete (m)	टिकट (m)	tikat
bilhete (m) de avião	हवाई टिकट (m)	havaī tikat
guia (m) de viagem	गाइडबुक (f)	gaidabuk
mapa (m)	नक्शा (m)	naksha
local (m), area (f)	क्षेत्र (m)	kshetr
lugar, sítio (m)	स्थान (m)	sthān
exotismo (m)	विचित्र वस्तुएं	vichitr vastuen
exótico	विचित्र	vichitr
surpreendente	अजीब	ajīb
grupo (m)	समूह (m)	samūh
excursão (f)	पर्यटन (f)	paryatan
guia (m)	गाइड (m)	gaid

100. Hotel

Português	Hindi	Transliteração
hotel (m)	होटल (f)	hotal
motel (m)	मोटल (m)	motal
três estrelas	तीन सितारा	tīn sitāra

cinco estrelas	पाँच सितारा	pānch sitāra
ficar (~ num hotel)	ठहरना	thaharana
quarto (m)	कमरा (m)	kamara
quarto (m) individual	एक पलंग का कमरा (m)	ek palang ka kamara
quarto (m) duplo	दो पलंगों का कमरा (m)	do palangon ka kamara
reservar um quarto	कमरा बुक करना	kamara buk karana
meia pensão (f)	हाफ़-बोर्ड (m)	hāf-bord
pensão (f) completa	फ़ुल-बोर्ड (m)	ful-bord
com banheira	स्नानघर के साथ	snānaghar ke sāth
com duche	शॉवर के साथ	shovar ke sāth
televisão (m) satélite	सैटेलाइट टेलीविज़न (m)	saitelait telīvizan
ar (m) condicionado	एयर-कंडिशनर (m)	eyar-kandishanar
toalha (f)	तौलिया (f)	tauliya
chave (f)	चाबी (f)	chābī
administrador (m)	मैनेजर (m)	mainejar
camareira (f)	चैमबरमैड (f)	chaimabaramaid
bagageiro (m)	कुली (m)	kulī
porteiro (m)	दरबान (m)	darabān
restaurante (m)	रेस्टरॉँ (m)	restarān
bar (m)	बार (m)	bār
pequeno-almoço (m)	नाश्ता (m)	nāshta
jantar (m)	रात्रिभोज (m)	rātribhoj
buffet (m)	बुफे (m)	bufe
hall (m) de entrada	लॉबी (f)	lobī
elevador (m)	लिफ्ट (m)	lift
NÃO PERTURBE	परेशान न करें	pareshān na karen
PROIBIDO FUMAR!	धुम्रपान निषेध!	dhumrapān nishedh!

EQUIPAMENTO TÉCNICO. TRANSPORTES

Equipamento técnico. Transportes

101. Computador

computador (m)	कंप्यूटर (m)	kampyūtar
portátil (m)	लैपटॉप (m)	laipatop
ligar (vt)	चलाना	chalāna
desligar (vt)	बंद करना	band karana
teclado (m)	कीबोर्ड (m)	kībord
tecla (f)	कुंजी (m)	kunjī
rato (m)	माउस (m)	maus
tapete (m) de rato	माउस पैड (m)	maus paid
botão (m)	बटन (m)	batan
cursor (m)	कर्सर (m)	karsar
monitor (m)	मॉनिटर (m)	monitar
ecrã (m)	स्क्रीन (m)	skrīn
disco (m) rígido	हार्ड डिस्क (m)	hārd disk
capacidade (f) do disco rígido	हार्ड डिस्क क्षमता (f)	hārd disk kshamata
memória (f)	मेमोरी (f)	memorī
memória RAM (f)	रैंडम ऐक्सेस मेमोरी (f)	raindam aikses memorī
ficheiro (m)	फ़ाइल (f)	fail
pasta (f)	फ़ोल्डर (m)	foldar
abrir (vt)	खोलना	kholana
fechar (vt)	बंद करना	band karana
guardar (vt)	सहेजना	sahejana
apagar, eliminar (vt)	हटाना	hatāna
copiar (vt)	कॉपी करना	kopī karana
ordenar (vt)	व्यवस्थित करना	vyavasthit karana
copiar (vt)	स्थानांतरित करना	sthānāntarit karana
programa (m)	प्रोग्राम (m)	progrām
software (m)	सोफ़्टवेयर (m)	softaveyar
programador (m)	प्रोग्रामर (m)	progrāmar
programar (vt)	प्रोग्राम करना	program karana
hacker (m)	हैकर (m)	haikar
senha (f)	पासवर्ड (m)	pāsavard
vírus (m)	वाइरस (m)	vairas
detetar (vt)	तलाश करना	talāsh karana
byte (m)	बाइट (m)	bait

megabyte (m)	मेगाबाइट (m)	megābait
dados (m pl)	डाटा (m pl)	dāta
base (f) de dados	डाटाबेस (m)	dātābes
cabo (m)	तार (m)	tār
desconectar (vt)	अलग करना	alag karana
conetar (vt)	जोड़ना	jorana

102. Internet. E-mail

internet (f)	इन्टरनेट (m)	intaranet
browser (m)	ब्राऊज़र (m)	brauzar
motor (m) de busca	सर्च इंजन (f)	sarch injan
provedor (m)	प्रोवाइडर (m)	provaidar
webmaster (m)	वेब मास्टर (m)	veb māstar
website, sítio web (m)	वेब साइट (m)	veb sait
página (f) web	वेब पृष्ठ (m)	veb prshth
endereço (m)	पता (m)	pata
livro (m) de endereços	संपर्क पुस्तक (f)	sampark pustak
caixa (f) de correio	मेलबॉक्स (m)	melaboks
correio (m)	डाक (m)	dāk
mensagem (f)	संदेश (m)	sandesh
remetente (m)	प्रेषक (m)	preshak
enviar (vt)	भेजना	bhejana
envio (m)	भेजना (m)	bhejana
destinatário (m)	प्रासकर्ती (m)	prāptakarta
receber (vt)	प्रास करना	prāpt karana
correspondência (f)	पत्राचार (m)	patrāchār
corresponder-se (vr)	पत्राचार करना	patrāchār karana
ficheiro (m)	फ़ाइल (f)	fail
fazer download, baixar	डाउनलोड करना	daunalod karana
criar (vt)	बनाना	banāna
apagar, eliminar (vt)	हटाना	hatāna
eliminado	हटा दिया गया	hata diya gaya
conexão (f)	कनेक्शन (m)	kanekshan
velocidade (f)	रफ़्तार (f)	rafatār
modem (m)	मोडेम (m)	modem
acesso (m)	पहुंच (m)	pahunch
porta (f)	पोर्ट (m)	port
conexão (f)	कनेक्शन (m)	kanekshan
conetar (vi)	जुड़ना	jurana
escolher (vt)	चुनना	chunana
buscar (vt)	खोजना	khojana

103. Eletricidade

Português	Hindi	Transliteração
eletricidade (f)	बिजली (f)	bijalī
elétrico	बिजली का	bijalī ka
central (f) elétrica	बिजलीघर (m)	bijalīghar
energia (f)	ऊर्जा (f)	ūrja
energia (f) elétrica	विद्युत शक्ति (f)	vidyut shakti
lâmpada (f)	बल्ब (m)	balb
lanterna (f)	फ्लैशलाइट (f)	flaishalait
poste (m) de iluminação	सड़क की बत्ती (f)	sarak kī battī
luz (f)	बिजली (f)	bijalī
ligar (vt)	चलाना	chalāna
desligar (vt)	बंद करना	band karana
apagar a luz	बिजली बंद करना	bijalī band karana
fundir (vi)	फ्यूज़ होना	fyūz hona
curto-circuito (m)	शार्ट सर्किट (m)	shārt sarkit
rutura (f)	टूटा तार (m)	tūta tār
contacto (m)	सॉकेट (m)	soket
interruptor (m)	स्विच (m)	svich
tomada (f)	सॉकेट (m)	soket
ficha (f)	प्लग (m)	plag
extensão (f)	एक्स्टेंशन कोर्ड (m)	ekstenshan kord
fusível (m)	फ्यूज़ (m)	fyūz
fio, cabo (m)	तार (m)	tār
instalação (f) elétrica	तार (m)	tār
ampere (m)	ऐम्पेयर (m)	aimpeyar
amperagem (f)	विद्युत शक्ति (f)	vidyut shakti
volt (m)	वोल्ट (m)	volt
voltagem (f)	वोल्टेज (f)	voltej
aparelho (m) elétrico	विद्युत यंत्र (m)	vidyut yantr
indicador (m)	सूचक (m)	sūchak
eletricista (m)	विद्युत कारीगर (m)	vidyut kārīgar
soldar (vt)	धातु जोड़ना	dhātu jorana
ferro (m) de soldar	सोल्डरिंग आयरन (m)	soldaring āyaran
corrente (f) elétrica	विद्युत प्रवाह (f)	vidyut pravāh

104. Ferramentas

Português	Hindi	Transliteração
ferramenta (f)	औज़ार (m)	auzār
ferramentas (f pl)	औज़ार (m pl)	auzār
equipamento (m)	मशीन (f)	mashīn
martelo (m)	हथौड़ी (f)	hathaurī
chave (f) de fendas	पेंचकस (m)	penchakas
machado (m)	कुल्हाड़ी (f)	kulhārī

serra (f)	आरी (f)	ārī
serrar (vt)	आरी से काटना	ārī se kātana
plaina (f)	रंदा (m)	randa
aplainar (vt)	छीलना	chhīlana
ferro (m) de soldar	सोल्डरिंग आयरन (m)	soldaring āyaran
soldar (vt)	धातु जोड़ना	dhātu jorana
lima (f)	रेती (f)	retī
tenaz (f)	संडसी (f pl)	sandasī
alicate (m)	प्लायर (m)	plāyar
formão (m)	छेनी (f)	chhenī
broca (f)	ड्रिल बिट (m)	dril bit
berbequim (f)	विद्युतीय बरमा (m)	vidyutīy barama
furar (vt)	ड्रिल करना	dril karana
faca (f)	छुरी (f)	chhurī
lâmina (f)	धार (f)	dhār
afiado	कटीला	katīla
cego	कुंद	kund
embotar-se (vr)	कुंद करना	kund karana
afiar, amolar (vt)	धारदार बनाना	dhāradār banāna
parafuso (m)	बोल्ट (m)	bolt
porca (f)	नट (m)	nat
rosca (f)	चूड़ी (f)	chūrī
parafuso (m) para madeira	पेंच (m)	pench
prego (m)	कील (f)	kīl
cabeça (f) do prego	कील का सिरा (m)	kīl ka sira
régua (f)	स्केल (m)	skel
fita (f) métrica	इंची टेप (m)	inchī tep
nível (m)	स्पिरिट लेवल (m)	spirit leval
lupa (f)	आवर्धक लेंस (m)	āvardhak lens
medidor (m)	मापक यंत्र (m)	māpak yantr
medir (vt)	मापना	māpana
escala (f)	स्केल (f)	skel
indicação (f), registo (m)	पाठ्यांक (m pl)	pāthyānk
compressor (m)	कंप्रेसर (m)	kampresar
microscópio (m)	माइक्रोस्कोप (m)	maikroskop
bomba (f)	पंप (m)	pamp
robô (m)	रोबोट (m)	robot
laser (m)	लेज़र (m)	lezar
chave (f) de boca	रिंच (m)	rinch
fita (f) adesiva	फ़ीता (m)	fīta
cola (f)	लेई (f)	leī
lixa (f)	रेगमाल (m)	regamāl
mola (f)	कमानी (f)	kamānī
íman (m)	मैग्नेट (m)	maignet

luvas (f pl)	दस्ताने (m pl)	dastāne
corda (f)	रस्सी (f)	rassī
cordel (m)	डोरी (f)	dorī
fio (m)	तार (m)	tār
cabo (m)	केबल (m)	kebal
marreta (f)	हथौड़ा (m)	hathaura
pé de cabra (m)	रंभा (m)	rambha
escada (f) de mão	सीढ़ी (f)	sīrhī
escadote (m)	सीढ़ी (f)	sīrhī
enroscar (vt)	कसना	kasana
desenroscar (vt)	घुमाकर खोलना	ghumākar kholana
apertar (vt)	कसना	kasana
colar (vt)	चिपकाना	chipakāna
cortar (vt)	काटना	kātana
falha (mau funcionamento)	ख़राबी (f)	kharābī
conserto (m)	मरम्मत (f)	marammat
consertar, reparar (vt)	मरम्मत करना	marammat karana
regular, ajustar (vt)	ठीक करना	thīk karana
verificar (vt)	जांचना	jānchana
verificação (f)	जांच (f)	jānch
indicação (f), registo (m)	पाठ्यांक (m)	pāthyānk
seguro	मज़बूत	mazabūt
complicado	जटिल	jatil
enferrujar (vi)	ज़ंग लगना	zang lagana
enferrujado	ज़ंग लगा हुआ	zang laga hua
ferrugem (f)	ज़ंग (m)	zang

Transportes

105. Avião

avião (m)	विमान (m)	vimān
bilhete (m) de avião	हवाई टिकट (m)	havaī tikat
companhia (f) aérea	हवाई कम्पनी (f)	havaī kampanī
aeroporto (m)	हवाई अड्डा (m)	havaī adda
supersónico	पराध्वनिक	parādhvanik
comandante (m) do avião	कसान (m)	kaptān
tripulação (f)	वैमानिक दल (m)	vaimānik dal
piloto (m)	विमान चालक (m)	vimān chālak
hospedeira (f) de bordo	एयर होस्टस (f)	eyar hostas
copiloto (m)	नैवीगेटर (m)	naivīgetar
asas (f pl)	पंख (m pl)	pankh
cauda (f)	पूँछ (f)	pūnchh
cabine (f) de pilotagem	कॉकपिट (m)	kokapit
motor (m)	इंजन (m)	injan
trem (m) de aterragem	हवाई जहाज़ पहिये (m)	havaī jahāz pahiye
turbina (f)	टरबाइन (f)	tarabain
hélice (f)	प्रोपेलर (m)	propelar
caixa-preta (f)	ब्लैक बॉक्स (m)	blaik boks
coluna (f) de controlo	कंट्रोल कॉलम (m)	kantrol kolam
combustível (m)	ईंधन (m)	īndhan
instruções (f pl) de segurança	सुरक्षा-पत्र (m)	suraksha-patr
máscara (f) de oxigénio	ऑक्सीजन मास्क (m)	oksījan māsk
uniforme (m)	वर्दी (f)	vardī
colete (m) salva-vidas	बचाव पेटी (f)	bachāv petī
paraquedas (m)	पैराशूट (m)	pairāshūt
descolagem (f)	उड़ान (m)	urān
descolar (vi)	उड़ना	urana
pista (f) de descolagem	उड़ान पट्टी (f)	urān pattī
visibilidade (f)	दृश्यता (f)	drshyata
voo (m)	उड़ान (m)	urān
altura (f)	ऊंचाई (f)	ūnchaī
poço (m) de ar	वायु-पॉकेट (m)	vāyu-poket
assento (m)	सीट (f)	sīt
auscultadores (m pl)	हेडफ़ोन (m)	hedafon
mesa (f) rebatível	ट्रे टेबल (f)	tre tebal
vigia (f)	हवाई जहाज़ की खिड़की (f)	havaī jahāz kī khirakī
passagem (f)	गलियारा (m)	galiyāra

106. Comboio

Português	Hindi	Transliteração
comboio (m)	रेलगाड़ी, ट्रेन (f)	relagārī, tren
comboio (m) suburbano	लोकल ट्रेन (f)	lokal tren
comboio (m) rápido	तेज़ रेलगाड़ी (f)	tez relagārī
locomotiva (f) diesel	डीज़ल रेलगाड़ी (f)	dīzal relagārī
locomotiva (f) a vapor	स्टीम इंजन (f)	stīm injan
carruagem (f)	कोच (f)	koch
carruagem restaurante (f)	डाइनर (f)	dainar
carris (m pl)	पटरियाँ (f)	patariyān
caminho de ferro (m)	रेलवे (f)	relave
travessa (f)	पटरियाँ (f)	patariyān
plataforma (f)	प्लेटफ़ॉर्म (m)	pletaform
linha (f)	प्लेटफ़ॉर्म (m)	pletaform
semáforo (m)	सिग्नल (m)	signal
estação (f)	स्टेशन (m)	steshan
maquinista (m)	इंजन ड्राइवर (m)	injan draivar
bagageiro (m)	कुली (m)	kulī
hospedeiro, -a (da carruagem)	कोच एटेंडेंट (m)	koch etendent
passageiro (m)	मुसाफ़िर (m)	musāfir
revisor (m)	टीटी (m)	tītī
corredor (m)	गलियारा (m)	galiyāra
freio (m) de emergência	आपात ब्रेक (m)	āpāt brek
compartimento (m)	डिब्बा (m)	dibba
cama (f)	बर्थ (f)	barth
cama (f) de cima	ऊपरी बर्थ (f)	ūparī barth
cama (f) de baixo	नीचली बर्थ (f)	nīchalī barth
roupa (f) de cama	बिस्तर (m)	bistar
bilhete (m)	टिकट (m)	tikat
horário (m)	टाइम टैबुल (m)	taim taibul
painel (m) de informação	सूचना बोर्ड (m)	sūchana bord
partir (vt)	चले जाना	chale jāna
partida (f)	रवानगी (f)	ravānagī
chegar (vi)	पहुंचना	pahunchana
chegada (f)	आगमन (m)	āgaman
chegar de comboio	गाड़ी से पहुंचना	gāṛī se pahunchana
apanhar o comboio	गाड़ी पकड़ना	gāḍī pakarana
sair do comboio	गाड़ी से उतरना	gāṛī se utarana
acidente (m) ferroviário	दुर्घटनाग्रस्त (f)	durghatanāgrast
locomotiva (f) a vapor	स्टीम इंजन (m)	stīm injan
fogueiro (m)	अग्निशामक (m)	agnishāmak
fornalha (f)	भट्ठी (f)	bhatthī
carvão (m)	कोयला (m)	koyala

107. Barco

Português	Hindi	Transliteração
navio (m)	जहाज़ (m)	jahāz
embarcação (f)	जहाज़ (m)	jahāz
vapor (m)	जहाज़ (m)	jahāz
navio (m)	मोटर बोट (m)	motar bot
transatlântico (m)	लाइनर (m)	lainar
cruzador (m)	क्रूज़र (m)	krūzar
iate (m)	याख़्ट (m)	yākht
rebocador (m)	कर्षक पोत (m)	karshak pot
barcaça (f)	बार्ज (f)	bārj
ferry (m)	फेरी बोट (f)	ferī bot
veleiro (m)	पाल नाव (f)	pāl nāv
bergantim (m)	बादबानी (f)	bādabānī
quebra-gelo (m)	हिमभंजक पोत (m)	himabhanjak pot
submarino (m)	पनडुब्बी (f)	panadubbī
bote, barco (m)	नाव (m)	nāv
bote, dingue (m)	किश्ती (f)	kishtī
bote (m) salva-vidas	जीवन रक्षा किश्ती (f)	jīvan raksha kishtī
lancha (f)	मोटर बोट (m)	motar bot
capitão (m)	कप्तान (m)	kaptān
marinheiro (m)	मल्लाह (m)	mallāh
marujo (m)	मल्लाह (m)	mallāh
tripulação (f)	वैमानिक दल (m)	vaimānik dal
contramestre (m)	बोसुन (m)	bosun
grumete (m)	बोसुन (m)	bosun
cozinheiro (m) de bordo	रसोइया (m)	rasoiya
médico (m) de bordo	पोत डाक्टर (m)	pot dāktar
convés (m)	डेक (m)	dek
mastro (m)	मस्तूल (m)	mastūl
vela (f)	पाल (m)	pāl
porão (m)	कार्गो (m)	kārgo
proa (f)	जहाज़ का अगला हिस्सा (m)	jahāz ka agara hissa
popa (f)	जहाज़ का पिछला हिस्सा (m)	jahāz ka pichhala hissa
remo (m)	चप्पू (m)	chappū
hélice (f)	जहाज़ की पंखी चलाने का पेंच (m)	jahāz kī pankhī chalāne ka pench
camarote (m)	कैबिन (m)	kaibin
sala (f) dos oficiais	मेस (f)	mes
sala (f) das máquinas	मशीन-कमरा (m)	mashīn-kamara
ponte (m) de comando	ब्रिज (m)	brij
sala (f) de comunicações	रेडियो केबिन (m)	rediyo kebin
onda (f) de rádio	रेडियो तरंग (f)	rediyo tarang
diário (m) de bordo	जहाज़ी रजिस्टर (m)	jahāzī rajistar
luneta (f)	टेलिस्कोप (m)	teliskop

Portuguese	Hindi	Transliteration
sino (m)	घंटा (m)	ghanta
bandeira (f)	झंडा (m)	jhanda
cabo (m)	रस्सा (m)	rassa
nó (m)	जहाज़ी गांठ (f)	jahāzī gānth
corrimão (m)	रेलिंग (f)	reling
prancha (f) de embarque	सीढ़ी (f)	sīrhī
âncora (f)	लंगर (m)	langar
recolher a âncora	लंगर उठाना	langar uthāna
lançar a âncora	लंगर डालना	langar dālana
amarra (f)	लंगर की ज़जीर (f)	langar kī zajīr
porto (m)	बंदरगाह (m)	bandaragāh
cais, amarradouro (m)	घाट (m)	ghāt
atracar (vi)	किनारे लगना	kināre lagana
desatracar (vi)	रवाना होना	ravāna hona
viagem (f)	यात्रा (f)	yātra
cruzeiro (m)	जलयात्रा (f)	jalayātra
rumo (m), rota (f)	दिशा (f)	disha
itinerário (m)	मार्ग (m)	mārg
canal (m) navegável	नाव्य जलपथ (m)	nāvy jalapath
banco (m) de areia	छिछला पानी (m)	chhichhala pānī
encalhar (vt)	छिछले पानी में धंसना	chhichhale pānī men dhansana
tempestade (f)	तूफ़ान (m)	tufān
sinal (m)	सिग्नल (m)	signal
afundar-se (vr)	डूबना	dūbana
SOS	एसओएस	esoes
boia (f) salva-vidas	लाइफ़ ब्वाय (m)	laif bvāy

108. Aeroporto

Portuguese	Hindi	Transliteration
aeroporto (m)	हवाई अड्डा (m)	havaī adda
avião (m)	विमान (m)	vimān
companhia (f) aérea	हवाई कम्पनी (f)	havaī kampanī
controlador (m) de tráfego aéreo	हवाई यातायात नियंत्रक (m)	havaī yātāyāt niyantrak
partida (f)	प्रस्थान (m)	prasthān
chegada (f)	आगमन (m)	āgaman
chegar (~ de avião)	पहुंचना	pahunchana
hora (f) de partida	उड़ान का समय (m)	urān ka samay
hora (f) de chegada	आगमन का समय (m)	āgaman ka samay
estar atrasado	देर से आना	der se āna
atraso (m) de voo	उड़ान देरी (f)	urān derī
painel (m) de informação	सूचना बोर्ड (m)	sūchana bord
informação (f)	सूचना (f)	sūchana

anunciar (vt)	घोषणा करना	ghoshana karana
voo (m)	फ़्लाइट (f)	flait
alfândega (f)	सीमाशुल्क कार्यालय (m)	sīmāshulk kāryālay
funcionário (m) da alfândega	सीमाशुल्क अधिकारी (m)	sīmāshulk adhikārī
declaração (f) alfandegária	सीमाशुल्क घोषणा (f)	sīmāshulk ghoshana
preencher a declaração	सीमाशुल्क घोषणा भरना	sīmāshulk ghoshana bharana
controlo (m) de passaportes	पास्पोर्ट जांच (f)	pāsport jānch
bagagem (f)	सामान (m)	sāmān
bagagem (f) de mão	दस्ती सामान (m)	dastī sāmān
carrinho (m)	सामान के लिये गाड़ी (f)	sāmān ke liye gāṛī
aterragem (f)	विमानारोहण (m)	vimānārohan
pista (f) de aterragem	विमानारोहण मार्ग (m)	vimānārohan mārg
aterrar (vi)	उतरना	utarana
escada (f) de avião	सीढ़ी (f)	sīrhī
check-in (m)	चेक-इन (m)	chek-in
balcão (m) do check-in	चेक-इन डेस्क (m)	chek-in desk
fazer o check-in	चेक-इन करना	chek-in karana
cartão (m) de embarque	बोर्डिंग पास (m)	bording pās
porta (f) de embarque	प्रस्थान गेट (m)	prasthān get
trânsito (m)	पारवहन (m)	pāravahan
esperar (vi, vt)	इंतज़ार करना	intazār karana
sala (f) de espera	प्रतीक्षालय (m)	pratīkshālay
despedir-se de ...	विदा करना	vida karana
despedir-se (vr)	विदा कहना	vida kahana

Eventos

109. Férias. Evento

festa (f)	त्योहार (m)	tyohār
festa (f) nacional	राष्ट्रीय त्योहार (m)	rāshtrīy tyohār
feriado (m)	त्योहार का दिन (m)	tyohār ka din
festejar (vt)	पुण्यस्मरण करना	punyasmaran karana
evento (festa, etc.)	घटना (f)	ghatana
evento (banquete, etc.)	आयोजन (m)	āyojan
banquete (m)	राजभोज (m)	rājabhoj
receção (f)	दावत (f)	dāvat
festim (m)	दावत (f)	dāvat
aniversário (m)	वर्षगांठ (m)	varshagānth
jubileu (m)	वर्षगांठ (m)	varshagānth
celebrar (vt)	मनाना	manāna
Ano (m) Novo	नव वर्ष (m)	nav varsh
Feliz Ano Novo!	नव वर्ष की शुभकामना!	nav varsh kī shubhakāmana!
Pai (m) Natal	सांता क्लॉज़ (m)	sānta kloz
Natal (m)	बड़ा दिन (m)	bara din
Feliz Natal!	क्रिसमस की शुभकामनाएँ!	krisamas kī shubhakāmanaen!
árvore (f) de Natal	क्रिसमस ट्री (m)	krismas trī
fogo (m) de artifício	अग्नि क्रीड़ा (f)	agni krīra
boda (f)	शादी (f)	shādī
noivo (m)	दुल्हा (m)	dulha
noiva (f)	दुल्हन (f)	dulhan
convidar (vt)	आमंत्रित करना	āmantrit karana
convite (m)	निमंत्रण पत्र (m)	nimantran patr
convidado (m)	मेहमान (m)	mehamān
visitar (vt)	मिलने जाना	milane jāna
receber os hóspedes	मेहमानों से मिलना	mehamānon se milana
presente (m)	उपहार (m)	upahār
oferecer (vt)	उपहार देना	upahār dena
receber presentes	उपहार मिलना	upahār milana
ramo (m) de flores	गुलदस्ता (m)	guladasta
felicitações (f pl)	बधाई (f)	badhaī
felicitar (dar os parabéns)	बधाई देना	badhaī dena
cartão (m) de parabéns	बधाई पोस्टकार्ड (m)	badhaī postakārd
enviar um postal	पोस्टकार्ड भेजना	postakārd bhejana

receber um postal	पोस्टकार्ड पाना	postakārd pāna
brinde (m)	टोस्ट (m)	tost
oferecer (vt)	ऑफ़र करना	ofar karana
champanhe (m)	शैम्पेन (f)	shaimpen
divertir-se (vr)	मज़े करना	maze karana
diversão (f)	आमोद (m)	āmod
alegria (f)	ख़ुशी (f)	khushī
dança (f)	नाच (m)	nāch
dançar (vi)	नाचना	nāchana
valsa (f)	वॉल्ट्ज़ (m)	voltz
tango (m)	टैंगो (m)	taingo

110. Funerais. Enterro

cemitério (m)	कब्रिस्तान (m)	kabristān
sepultura (f), túmulo (m)	कब्र (m)	kabr
cruz (f)	क्रॉस (m)	kros
lápide (f)	सामाधि शिला (f)	sāmādhi shila
cerca (f)	बाड़ (f)	bār
capela (f)	चैपल (m)	chaipal
morte (f)	मृत्यु (f)	mrtyu
morrer (vi)	मरना	marana
defunto (m)	मृतक (m)	mrtak
luto (m)	शोक (m)	shok
enterrar, sepultar (vt)	दफनाना	dafanāna
agência (f) funerária	दफ़नालय (m)	dafanālay
funeral (m)	अंतिम संस्कार (m)	antim sanskār
coroa (f) de flores	फूलमाला (f)	fūlamāla
caixão (m)	ताबूत (m)	tābūt
carro (m) funerário	शव मंच (m)	shav manch
mortalha (f)	कफन (m)	kafan
urna (f) funerária	भस्मी कलश (m)	bhasmī kalash
crematório (m)	दाहगृह (m)	dāhagrh
obituário (m), necrologia (f)	निधन सूचना (f)	nidhan sūchana
chorar (vi)	रोना	rona
soluçar (vi)	रोना	rona

111. Guerra. Soldados

pelotão (m)	दस्ता (m)	dasta
companhia (f)	कंपनी (f)	kampanī
regimento (m)	रेजीमेंट (f)	rejīment
exército (m)	सेना (f)	sena
divisão (f)	डिवीज़न (m)	divīzan

destacamento (m)	दल (m)	dal
hoste (f)	फ़ौज (m)	fauj
soldado (m)	सिपाही (m)	sipāhī
oficial (m)	अफ़सर (m)	afsar
soldado (m) raso	सैनिक (m)	sainik
sargento (m)	सार्जेंट (m)	sārjent
tenente (m)	लेफ्टिनेंट (m)	leftinent
capitão (m)	कप्तान (m)	kaptān
major (m)	मेजर (m)	mejar
coronel (m)	कर्नल (m)	karnal
general (m)	जनरल (m)	janaral
marujo (m)	मल्लाह (m)	mallāh
capitão (m)	कप्तान (m)	kaptān
contramestre (m)	बोसुन (m)	bosun
artilheiro (m)	तोपची (m)	topachī
soldado (m) paraquedista	पैराट्रूपर (m)	pairātrūpar
piloto (m)	पाइलट (m)	pailat
navegador (m)	नैवीगेटर (m)	naivīgetar
mecânico (m)	मैकेनिक (m)	maikenik
sapador (m)	सैपर (m)	saipar
paraquedista (m)	छतरीबाज़ (m)	chhatarībāz
explorador (m)	जासूस (m)	jāsūs
franco-atirador (m)	निशानची (m)	nishānachī
patrulha (f)	गश्त (m)	gasht
patrulhar (vt)	गश्त लगाना	gasht lagāna
sentinela (f)	प्रहरी (m)	praharī
guerreiro (m)	सैनिक (m)	sainik
patriota (m)	देशभक्त (m)	deshabhakt
herói (m)	हिरो (m)	hiro
heroína (f)	हिरोइन (f)	hiroin
traidor (m)	गद्दार (m)	gaddār
desertor (m)	भगोड़ा (m)	bhagora
desertar (vt)	भाग जाना	bhāg jāna
mercenário (m)	भाड़े का सैनिक (m)	bhāre ka sainik
recruta (m)	रंगरूट (m)	rangarūt
voluntário (m)	स्वयंसेवी (m)	svayansevī
morto (m)	मृतक (m)	mrtak
ferido (m)	घायल (m)	ghāyal
prisioneiro (m) de guerra	युद्ध क़ैदी (m)	yuddh qaidī

112. Guerra. Ações militares. Parte 1

guerra (f)	युद्ध (m)	yuddh
guerrear (vt)	युद्ध करना	yuddh karana

guerra (f) civil	गृहयुद्ध (m)	grhayuddh
perfidamente	विश्वासघाती ढंग से	vishvāsaghātī dhang se
declaração (f) de guerra	युद्ध का एलान (m)	yuddh ka elān
declarar (vt) guerra	एलान करना	elān karana
agressão (f)	हमला (m)	hamala
atacar (vt)	हमला करना	hamala karana
invadir (vt)	हमला करना	hamala karana
invasor (m)	आक्रमणकारी (m)	ākramanakārī
conquistador (m)	विजेता (m)	vijeta
defesa (f)	हिफ़ाज़त (f)	hifāzat
defender (vt)	हिफ़ाज़त करना	hifāzat karana
defender-se (vr)	के विरुद्ध हिफ़ाज़त करना	ke virūddh hifāzat karana
inimigo (m)	दुश्मन (m)	dushman
adversário (m)	विपक्ष (m)	vipaksh
inimigo	दुश्मनों का	dushmanon ka
estratégia (f)	रणनीति (f)	rananīti
tática (f)	युक्ति (f)	yukti
ordem (f)	हुक्म (m)	hukm
comando (m)	आज्ञा (f)	āgya
ordenar (vt)	हुक्म देना	hukm dena
missão (f)	मिशन (m)	mishan
secreto	गुप्त	gupt
batalha (f)	लड़ाई (f)	laraī
combate (m)	युद्ध (m)	yuddh
ataque (m)	आक्रमण (m)	ākraman
assalto (m)	धावा (m)	dhāva
assaltar (vt)	धावा करना	dhāva karana
assédio, sítio (m)	घेरा (m)	ghera
ofensiva (f)	आक्रमण (m)	ākraman
passar à ofensiva	आक्रमण करना	ākraman karana
retirada (f)	अपयान (m)	apayān
retirar-se (vr)	अपयान करना	apayān karana
cerco (m)	घेराई (f)	gheraī
cercar (vt)	घेरना	gherana
bombardeio (m)	बमबारी (f)	bamabārī
lançar uma bomba	बम गिराना	bam girāna
bombardear (vt)	बमबारी करना	bamabārī karana
explosão (f)	विस्फोट (m)	visfot
tiro (m)	गोली (m)	golī
disparar um tiro	गोली चलाना	golī chalāna
tiroteio (m)	गोलीबारी (f)	golībārī
apontar para …	निशाना लगाना	nishāna lagāna
apontar (vt)	निशाना बांधना	nishāna bāndhana

acertar (vt)	गोली मारना	golī mārana
afundar (um navio)	डुबाना	dubāna
brecha (f)	छेद (m)	chhed
afundar-se (vr)	डूबना	dūbana
frente (m)	मोरचा (m)	moracha
evacuação (f)	निकास (m)	nikās
evacuar (vt)	निकास करना	nikās karana
arame (m) farpado	कांटेदार तार (m)	kāntedār tār
obstáculo (m) anticarro	बाड़ (m)	bār
torre (f) de vigia	बुर्ज (m)	burj
hospital (m)	सैनिक अस्पताल (m)	sainik aspatāl
ferir (vt)	घायल करना	ghāyal karana
ferida (f)	घाव (m)	ghāv
ferido (m)	घायल (m)	ghāyal
ficar ferido	घायल होना	ghāyal hona
grave (ferida ~)	गम्भीर	gambhīr

113. Guerra. Ações militares. Parte 2

cativeiro (m)	क़ैद (f)	qaid
capturar (vt)	क़ैद करना	qaid karana
estar em cativeiro	क़ैद में रखना	qaid men rakhana
ser aprisionado	क़ैद में लेना	qaid men lena
campo (m) de concentração	कन्सेंट्रेशन कैंप (m)	kansentreshan kaimp
prisioneiro (m) de guerra	युद्ध-क़ैदी (m)	yuddh-qaidī
escapar (vi)	क़ैद से भाग जाना	qaid se bhāg jāna
trair (vt)	गद्दारी करना	gaddārī karana
traidor (m)	गद्दार (m)	gaddār
traição (f)	गद्दारी (f)	gaddārī
fuzilar, executar (vt)	फाँसी देना	fānsī dena
fuzilamento (m)	प्राणदण्ड (f)	prānadand
equipamento (m)	फौजी पोशक (m)	faujī poshak
platina (f)	कंधे का फ़ीता (m)	kandhe ka fīta
máscara (f) antigás	गैस मास्क (m)	gais māsk
rádio (m)	ट्रांस-रिसिवर (m)	trāns-risivar
cifra (f), código (m)	गुप्तलेख (m)	guptalekh
conspiração (f)	गुप्तता (f)	guptata
senha (f)	पासवर्ड (m)	pāsavard
mina (f)	बारूदी सुरंग (f)	bārūdī surang
minar (vt)	सुरंग खोदना	surang khodana
campo (m) minado	सुरंग-क्षेत्र (m)	surang-kshetr
alarme (m) aéreo	हवाई हमले की चेतावनी (f)	havaī hamale kī chetāvanī
alarme (m)	चेतावनी (f)	chetāvanī
sinal (m)	सिग्नल (m)	signal

sinalizador (m)	सिग्नल रॉकेट (m)	signal roket
estado-maior (m)	सैनिक मुख्यालय (m)	sainik mukhyālay
reconhecimento (m)	जासूसी देख-भाल (m)	jāsūsī dekh-bhāl
situação (f)	हालत (f)	hālat
relatório (m)	रिपोर्ट (m)	riport
emboscada (f)	घात (f)	ghāt
reforço (m)	बलवृद्धि (m)	balavrddhi
alvo (m)	निशाना (m)	nishāna
campo (m) de tiro	प्रशिक्षण क्षेत्र (m)	prashikshan kshetr
manobras (f pl)	युद्धाभ्यास (m pl)	yuddhābhyās
pânico (m)	भगदड़ (f)	bhagadar
devastação (f)	तबाही (f)	tabāhī
ruínas (f pl)	विनाश (m pl)	vināsh
destruir (vt)	नष्ट करना	nasht karana
sobreviver (vi)	जीवित रहना	jīvit rahana
desarmar (vt)	निरस्त्र करना	nirastr karana
manusear (vt)	हथियार चलाना	hathiyār chalāna
Firmes!	सावधान!	sāvadhān!
Descansar!	आराम!	ārām!
façanha (f)	साहस का कार्य (m)	sāhas ka kāry
juramento (m)	शपथ (f)	shapath
jurar (vi)	शपथ लेना	shapath lena
condecoração (f)	पदक (m)	padak
condecorar (vt)	इनाम देना	inām dena
medalha (f)	मेडल (m)	medal
ordem (f)	आर्डर (m)	ārdar
vitória (f)	विजय (m)	vijay
derrota (f)	हार (f)	hār
armistício (m)	युद्धविराम (m)	yuddhavirām
bandeira (f)	झंडा (m)	jhanda
glória (f)	प्रताप (m)	pratāp
desfile (m) militar	परेड (m)	pared
marchar (vi)	मार्च करना	mārch karana

114. Armas

arma (f)	हथियार (m)	hathiyār
arma (f) de fogo	हथियार (m)	hathiyār
arma (f) branca	पैने हथियार (m)	paine hathiyār
arma (f) química	रसायनिक शस्त्र (m)	rasāyanik shastr
nuclear	आण्विक	ānvik
arma (f) nuclear	आण्विक-शस्त्र (m)	ānvik-shastr
bomba (f)	बम (m)	bam
bomba (f) atómica	परमाणु बम (m)	paramānu bam

Português	Hindi	Transliteração
pistola (f)	पिस्तौल (m)	pistaul
caçadeira (f)	बंदूक (m)	bandūk
pistola-metralhadora (f)	टॉमी गन (f)	tāmī gan
metralhadora (f)	मशीन गन (f)	mashīn gan
boca (f)	नालमुख (m)	nālamukh
cano (m)	नाल (m)	nāl
calibre (m)	नली का व्यास (m)	nalī ka vyās
gatilho (m)	घोड़ा (m)	ghora
mira (f)	लक्षक (m)	lakshak
carregador (m)	मैगज़ीन (m)	maigazīn
coronha (f)	कुंदा (m)	kunda
granada (f) de mão	ग्रेनेड (m)	grened
explosivo (m)	विस्फोटक (m)	visfotak
bala (f)	गोली (f)	golī
cartucho (m)	कारतूस (m)	kāratūs
carga (f)	गति (f)	gati
munições (f pl)	गोला बारूद (m pl)	gola bārūd
bombardeiro (m)	बमबार (m)	bamabār
avião (m) de caça	लड़ाकू विमान (m)	larākū vimān
helicóptero (m)	हेलिकॉप्टर (m)	helikoptar
canhão (m) antiaéreo	विमान-विध्वंस तोप (f)	vimān-vidhvans top
tanque (m)	टैंक (m)	taink
canhão (de um tanque)	तोप (m)	top
artilharia (f)	तोपें (m)	topen
fazer a pontaria	निशाना बांधना	nishāna bāndhana
obus (m)	गोला (m)	gola
granada (f) de morteiro	मोर्टार बम (m)	mortār bam
morteiro (m)	मोर्टार (m)	mortār
estilhaço (m)	किरच (m)	kirach
submarino (m)	पनडुब्बी (f)	panadubbī
torpedo (m)	टोरपीडो (m)	torapīdo
míssil (m)	रॉकेट (m)	roket
carregar (uma arma)	बंदूक भरना	bandūk bharana
atirar, disparar (vi)	गोली चलाना	golī chalāna
apontar para ...	निशाना लगाना	nishāna lagāna
baioneta (f)	किरिच (m)	kirich
espada (f)	खंजर (m)	khanjar
sabre (m)	कृपाण (m)	krpān
lança (f)	भाला (m)	bhāla
arco (m)	धनुष (m)	dhanush
flecha (f)	बाण (m)	bān
mosquete (m)	मसकट (m)	masakat
besta (f)	क्रॉसबो (m)	krosabo

115. Povos da antiguidade

primitivo	आदिकालीन	ādikālīn
pré-histórico	प्रागैतिहासिक	prāgaitihāsik
antigo	प्राचीन	prāchīn
Idade (f) da Pedra	पाषाण युग (m)	pāshān yug
Idade (f) do Bronze	कांस्य युग (m)	kānsy yug
período (m) glacial	हिम युग (m)	him yug
tribo (f)	जनजाति (f)	janajāti
canibal (m)	नरभक्षी (m)	narabhakshī
caçador (m)	शिकारी (m)	shikārī
caçar (vi)	शिकार करना	shikār karana
mamute (m)	प्राचीन युग हाथी (m)	prāchīn yug hāthī
caverna (f)	गुफ़ा (f)	gufa
fogo (m)	अग्नि (m)	agni
fogueira (f)	अलाव (m)	alāv
pintura (f) rupestre	शिला चित्र (m)	shila chitr
ferramenta (f)	औज़ार (m)	auzār
lança (f)	भाला (m)	bhāla
machado (m) de pedra	पत्थर की कुल्हाड़ी (f)	patthar kī kulhārī
guerrear (vt)	युद्ध पर होना	yuddh par hona
domesticar (vt)	जानवरों को पालतू बनाना	jānavaron ko pālatū banāna
ídolo (m)	मूर्ति (f)	mūrti
adorar, venerar (vt)	पूजना	pūjana
superstição (f)	अंधविश्वास (m)	andhavishvās
ritual (m)	अनुष्ठान (m)	anushthān
evolução (f)	उद्भव (m)	udbhav
desenvolvimento (m)	विकास (m)	vikās
desaparecimento (m)	गायब (m)	gāyab
adaptar-se (vr)	अनुकूल बनाना	anukūl banāna
arqueologia (f)	पुरातत्व (m)	purātatv
arqueólogo (m)	पुरातत्वविद (m)	purātatvavid
arqueológico	पुरातात्विक	purātātvik
local (m) das escavações	खुदाई क्षेत्र (m pl)	khudaī kshetr
escavações (f pl)	उत्खनन (f)	utkhanan
achado (m)	खोज (f)	khoj
fragmento (m)	टुकड़ा (m)	tukara

116. Idade média

povo (m)	लोग (m)	log
povos (m pl)	लोग (m pl)	log
tribo (f)	जनजाति (f)	janajāti
tribos (f pl)	जनजातियाँ (f pl)	janajātiyān
bárbaros (m pl)	बर्बर (m pl)	barbar

gauleses (m pl)	गॉल्स (m pl)	gols
godos (m pl)	गोथ्स (m pl)	goths
eslavos (m pl)	स्लैव्स (m pl)	slaivs
víquingues (m pl)	वाइकिंग्स (m pl)	vaikings
romanos (m pl)	रोमन (m pl)	roman
romano	रोमन	roman
bizantinos (m pl)	बाइज़ेंटीनी (m pl)	baizentīnī
Bizâncio	बाइज़ेंटीयम (m)	baizentīyam
bizantino	बाइज़ेंटीन	baizentīn
imperador (m)	सम्राट (m)	samrāt
líder (m)	सरदार (m)	saradār
poderoso	प्रबल	prabal
rei (m)	बादशाह (m)	bādashāh
governante (m)	शासक (m)	shāsak
cavaleiro (m)	योद्धा (m)	yoddha
senhor feudal (m)	सामंत (m)	sāmant
feudal	सामंतिक	sāmantik
vassalo (m)	जागीरदार (m)	jāgīradār
duque (m)	ड्यूक (m)	dyūk
conde (m)	अर्ल (m)	arl
barão (m)	बैरन (m)	bairan
bispo (m)	बिशप (m)	bishap
armadura (f)	कवच (m)	kavach
escudo (m)	ढाल (m)	dhāl
espada (f)	तलवार (f)	talavār
viseira (f)	मुखावरण (m)	mukhāvaran
cota (f) de malha	कवच (m)	kavach
cruzada (f)	धर्मयुद्ध (m)	dharmayuddh
cruzado (m)	धर्मयोद्धा (m)	dharmayoddha
território (m)	प्रदेश (m)	pradesh
atacar (vt)	हमला करना	hamala karana
conquistar (vt)	जीतना	jītana
ocupar, invadir (vt)	कब्ज़ा करना	kabza karana
assédio, sítio (m)	घेरा (m)	ghera
sitiado	घेरा हुआ	ghera hua
assediar, sitiar (vt)	घेरना	gherana
inquisição (f)	न्यायिक जांच (m)	nyāyik jānch
inquisidor (m)	न्यायिक जांचकर्ता (m)	nyāyik jānchakarta
tortura (f)	घोर शारीरिक यंत्रणा (f)	ghor sharīrik yantrana
cruel	निर्दयी	nirdayī
herege (m)	विधर्मी (m)	vidharmī
heresia (f)	विधर्म (m)	vidharm
navegação (f) marítima	जहाज़रानी (f)	jahāzarānī
pirata (m)	समुद्री लुटेरा (m)	samudrī lūtera
pirataria (f)	समुद्री डकैती (f)	samudrī dakaitī

abordagem (f)	बोर्डिंग (m)	bording
presa (f), butim (m)	लूट का माल (m)	lūt ka māl
tesouros (m pl)	खज़ाना (m)	khazāna
descobrimento (m)	खोज (f)	khoj
descobrir (novas terras)	नई ज़मीन खोजना	naī zamīn khojana
expedição (f)	अभियान (m)	abhiyān
mosqueteiro (m)	बंदूक धारी सिपाही (m)	bandūk dhārī sipāhī
cardeal (m)	कार्डिनल (m)	kārdinal
heráldica (f)	शौर्यशास्त्र (f)	shauryashāstr
heráldico	हेरल्डिक	heraldik

117. Líder. Chefe. Autoridades

rei (m)	बादशाह (m)	bādashāh
rainha (f)	महारानी (f)	mahārānī
real	राजसी	rājasī
reino (m)	राज्य (m)	rājy
príncipe (m)	राजकुमार (m)	rājakumār
princesa (f)	राजकुमारी (f)	rājakumārī
presidente (m)	राष्ट्रपति (m)	rāshtrapati
vice-presidente (m)	उपराष्ट्रपति (m)	uparāshtrapati
senador (m)	सांसद (m)	sānsad
monarca (m)	सम्राट (m)	samrāt
governante (m)	शासक (m)	shāsak
ditador (m)	तानाशाह (m)	tānāshāh
tirano (m)	तानाशाह (m)	tānāshāh
magnata (m)	रईस (m)	raīs
diretor (m)	निदेशक (m)	nideshak
chefe (m)	मुखिया (m)	mukhiya
dirigente (m)	मैनेजर (m)	mainejar
patrão (m)	साहब (m)	sāhab
dono (m)	मालिक (m)	mālik
chefe (~ de delegação)	मुखिया (m)	mukhiya
autoridades (f pl)	अधिकारी वर्ग (m pl)	adhikārī varg
superiores (m pl)	अधिकारी (m)	adhikārī
governador (m)	राज्यपाल (m)	rājyapāl
cônsul (m)	वाणिज्य-दूत (m)	vānijy-dūt
diplomata (m)	राजनयिक (m)	rājanayik
Presidente (m) da Câmara	महापालिकाध्यक्ष (m)	mahāpālikādhyaksh
xerife (m)	प्रधान हाकिम (m)	pradhān hākim
imperador (m)	सम्राट (m)	samrāt
czar (m)	राजा (m)	rāja
faraó (m)	फिरौन (m)	firaun
cã (m)	ख़ान (m)	khān

118. Viloação da lei. Criminosos. Parte 1

bandido (m)	डाकू (m)	dākū
crime (m)	जुर्म (m)	jurm
criminoso (m)	अपराधी (m)	aparādhī
ladrão (m)	चोर (m)	chor
furto, roubo (m)	चोरी (f)	chorī
raptar (ex. ~ uma criança)	अपहरण करना	apaharan karana
rapto (m)	अपहरण (m)	apaharan
raptor (m)	अपहरणकर्ता (m)	apaharanakartta
resgate (m)	फ़िरौती (f)	firautī
pedir resgate	फ़िरौती मांगना	firautī māngana
roubar (vt)	लूटना	lūtana
assaltante (m)	लुटेरा (m)	lutera
extorquir (vt)	ऐंठना	ainthana
extorsionário (m)	वसूलिकर्ता (m)	vasūlikarta
extorsão (f)	जबरन वसूली (m)	jabaran vasūlī
matar, assassinar (vt)	मारना	mārana
homicídio (m)	हत्या (f)	hatya
homicida, assassino (m)	हत्यारा (m)	hatyāra
tiro (m)	गोली (m)	golī
dar um tiro	गोली चलाना	golī chalāna
matar a tiro	गोली मारकर हत्या करना	golī mārakar hatya karana
atirar, disparar (vi)	गोली चलाना	golī chalāna
tiroteio (m)	गोलीबारी (f)	golībārī
incidente (m)	घटना (f)	ghatana
briga (~ de rua)	झगड़ा (m)	jhagara
Socorro!	बचाओ!	bachao!
vítima (f)	शिकार (m)	shikār
danificar (vt)	हानि पहुँचाना	hāni pahunchāna
dano (m)	नुक्सान (m)	nuksān
cadáver (m)	शव (m)	shav
grave	गंभीर	gambhīr
atacar (vt)	आक्रमण करना	ākraman karana
bater (espancar)	पीटना	pītana
espancar (vt)	पीट जाना	pīt jāna
tirar, roubar (dinheiro)	लूटना	lūtana
esfaquear (vt)	चाकू से मार डालना	chākū se mār dālana
mutilar (vt)	अपाहिज करना	apāhij karana
ferir (vt)	घाव करना	ghāv karana
chantagem (f)	ब्लैकमेल (m)	blaikamel
chantagear (vt)	धमकी से रुपया ऐंठना	dhamakī se rupaya ainthana
chantagista (m)	ब्लैकमेलर (m)	blaikamelar
extorsão (em troca de proteção)	ठग व्यापार (m)	thag vyāpār

extorsionário (m)	ठग व्यापारी (m)	thag vyāpārī
gângster (m)	गैंग्स्टर (m)	gaingastar
máfia (f)	माफ़िया (f)	māfiya
carteirista (m)	जेबकतरा (m)	jebakatara
assaltante, ladrão (m)	सेंधमार (m)	sendhamār
contrabando (m)	तस्करी (m)	taskarī
contrabandista (m)	तस्कर (m)	taskar
falsificação (f)	जालसाज़ी (f)	jālasāzī
falsificar (vt)	जलसाज़ी करना	jalasāzī karana
falsificado	नक़ली	naqalī

119. Violação da lei. Criminosos. Parte 2

violação (f)	बलात्कार (m)	balātkār
violar (vt)	बलात्कार करना	balātkār karana
violador (m)	बलात्कारी (m)	balātkārī
maníaco (m)	कामोन्मादी (m)	kāmonmādī
prostituta (f)	वैश्या (f)	vaishya
prostituição (f)	वेश्यावृत्ति (m)	veshyāvrtti
chulo (m)	भड़ुआ (m)	bharua
toxicodependente (m)	नशेबाज़ (m)	nashebāz
traficante (m)	नशीली दवा के विक्रेता (m)	nashīlī dava ke vikreta
explodir (vt)	विस्फोट करना	visfot karana
explosão (f)	विस्फोट (m)	visfot
incendiar (vt)	आग जलाना	āg jalāna
incendiário (m)	आग जलानेवाला (m)	āg jalānevāla
terrorismo (m)	आतंकवाद (m)	ātankavād
terrorista (m)	आतंकवादी (m)	ātankavādī
refém (m)	बंधक (m)	bandhak
enganar (vt)	धोखा देना	dhokha dena
engano (m)	धोखा (m)	dhokha
vigarista (m)	धोखेबाज़ (m)	dhokhebāz
subornar (vt)	रिश्वत देना	rishvat dena
suborno (atividade)	रिश्वतखोरी (m)	rishvatakhorī
suborno (dinheiro)	रिश्वत (m)	rishvat
veneno (m)	ज़हर (m)	zahar
envenenar (vt)	ज़हर खिलाना	zahar khilāna
envenenar-se (vr)	ज़हर खाना	zahar khāna
suicídio (m)	आत्महत्या (f)	ātmahatya
suicida (m)	आत्महत्यारा (m)	ātmahatyāra
ameaçar (vt)	धमकाना	dhamakāna
ameaça (f)	धमकी (f)	dhamakī
atentar contra a vida de …	प्रयत्न करना	prayatn karana

atentado (m)	हत्या का प्रयत्न (m)	hatya ka prayatn
roubar (o carro)	चुराना	churāna
desviar (o avião)	विमान का अपहरण करना	vimān ka apaharan karana
vingança (f)	बदला (m)	badala
vingar (vt)	बदला लेना	badala lena
torturar (vt)	घोर शारीरिक यंत्रणा पहुंचाना	ghor sharīrik yantrana pahunchāna
tortura (f)	घोर शारीरिक यंत्रणा (f)	ghor sharīrik yantrana
atormentar (vt)	सताना	satāna
pirata (m)	समुद्री लूटेरा (m)	samudrī lūtera
desordeiro (m)	बदमाश (m)	badamāsh
armado	सशस्त्र	sashastr
violência (f)	अत्यचार (m)	atyachār
espionagem (f)	जासूसी (f)	jāsūsī
espionar (vi)	जासूसी करना	jāsūsī karana

120. Polícia. Lei. Parte 1

justiça (f)	मुक़दमा (m)	muqadama
tribunal (m)	न्यायालय (m)	nyāyālay
juiz (m)	न्यायाधीश (m)	nyāyādhīsh
jurados (m pl)	जूरी सदस्य (m pl)	jūrī sadasy
tribunal (m) do júri	जूरी (f)	jūrī
julgar (vt)	मुक़दमा सुनना	muqadama sunana
advogado (m)	वकील (m)	vakīl
réu (m)	मुलज़िम (m)	mulazim
banco (m) dos réus	अदालत का कठघरा (m)	adālat ka kathaghara
acusação (f)	आरोप (m)	ārop
acusado (m)	मुलज़िम (m)	mulazim
sentença (f)	निर्णय (m)	nirnay
sentenciar (vt)	निर्णय करना	nirnay karana
culpado (m)	दोषी (m)	doshī
punir (vt)	सज़ा देना	saza dena
punição (f)	सज़ा (f)	saza
multa (f)	जुर्माना (m)	jurmāna
prisão (f) perpétua	आजीवन करावास (m)	ājīvan karāvās
pena (f) de morte	मृत्युदंड (m)	mrtyudand
cadeira (f) elétrica	बिजली की कुर्सी (f)	bijalī kī kursī
forca (f)	फांसी का तख़्ता (m)	fānsī ka takhta
executar (vt)	फांसी देना	fānsī dena
execução (f)	मौत की सज़ा (f)	maut kī saza
prisão (f)	जेल (f)	jel
cela (f) de prisão	जेल का कमरा (m)	jel ka kamara

escolta (f)	अनुरक्षक दल (m)	anurakshak dal
guarda (m) prisional	जेल का पहरेदार (m)	jel ka paharedār
preso (m)	क़ैदी (m)	qaidī
algemas (f pl)	हथकड़ी (f)	hathakarī
algemar (vt)	हथकड़ी लगाना	hathakarī lagāna
fuga, evasão (f)	काराभंग (m)	kārābhang
fugir (vi)	जेल से फरार हो जाना	jel se farār ho jāna
desaparecer (vi)	ग़ायब हो जाना	gāyab ho jāna
soltar, libertar (vt)	जेल से आज़ाद होना	jel se āzād hona
amnistia (f)	राजक्षमा (f)	rājakshama
polícia (instituição)	पुलिस (m)	pulis
polícia (m)	पुलिसवाला (m)	pulisavāla
esquadra (f) de polícia	थाना (m)	thāna
cassetete (m)	रबड़ की लाठी (f)	rabar kī lāthī
megafone (m)	मेगाफ़ोन (m)	megāfon
carro (m) de patrulha	गश्त कार (f)	gasht kār
sirene (f)	साइरन (f)	sairan
ligar a sirene	साइरन बजाना	sairan bajāna
toque (m) da sirene	साइरन की चिल्लाहट (m)	sairan kī chillāhat
cena (f) do crime	घटना स्थल (m)	ghatana sthal
testemunha (f)	गवाह (m)	gavāh
liberdade (f)	आज़ादी (f)	āzādī
cúmplice (m)	सह अपराधी (m)	sah aparādhī
escapar (vi)	भाग जाना	bhāg jāna
traço (não deixar ~s)	निशान (m)	nishān

121. Polícia. Lei. Parte 2

procura (f)	तफ़्तीश (f)	tafatīsh
procurar (vt)	तफ़्तीश करना	tafatīsh karana
suspeita (f)	शक (m)	shak
suspeito	शक करना	shak karana
parar (vt)	रोकना	rokana
deter (vt)	रोक के रखना	rok ke rakhana
caso (criminal)	मुकदमा (m)	mukadama
investigação (f)	जाँच (f)	jānch
detetive (m)	जासूस (m)	jāsūs
investigador (m)	जाँचकर्ती (m)	jānchakartta
versão (f)	अंदाज़ा (m)	andāza
motivo (m)	वजह (f)	vajah
interrogatório (m)	पूछताछ (f)	pūchhatāchh
interrogar (vt)	पूछताछ करना	pūchhatāchh karana
questionar (vt)	पूछताछ करना	puchhatāchh karana
verificação (f)	जाँच (f)	jānch
batida (f) policial	घेराव (m)	gherāv
busca (f)	तलाशी (f)	talāshī

perseguição (f)	पीछा (m)	pīchha
perseguir (vt)	पीछा करना	pīchha karana
seguir (vt)	खोज निकालना	khoj nikālana
prisão (f)	गिरफ़्तारी (f)	giraftārī
prender (vt)	गिरफ़्तार करना	giraftār karana
pegar, capturar (vt)	पकड़ना	pakarana
captura (f)	पकड़ (m)	pakar
documento (m)	दस्तावेज़ (m)	dastāvez
prova (f)	सबूत (m)	sabūt
provar (vt)	साबित करना	sābit karana
pegada (f)	पैरों के निशान (m)	pairon ke nishān
impressões (f pl) digitais	उंगलियों के निशान (m)	ungaliyon ke nishān
prova (f)	सबूत (m)	sabūt
álibi (m)	अन्यत्रता (m)	anyatrata
inocente	बेगुनाह	begunāh
injustiça (f)	अन्याय (m)	anyāy
injusto	अन्यायपूर्ण	anyāyapūrn
criminal	आपराधिक	āparādhik
confiscar (vt)	कुर्क करना	kurk karana
droga (f)	अवैध पदार्थ (m)	avaidh padārth
arma (f)	हथियार (m)	hathiyār
desarmar (vt)	निरस्त्र करना	nirastr karana
ordenar (vt)	हुक्म देना	hukm dena
desaparecer (vi)	गायब होना	gāyab hona
lei (f)	कानून (m)	kānūn
legal	कानूनी	kānūnī
ilegal	अवैध	avaidh
responsabilidade (f)	ज़िम्मेदारी (f)	zimmedārī
responsável	ज़िम्मेदार	zimmedār

NATUREZA

A Terra. Parte 1

122. Espaço sideral

cosmos (m)	अंतरिक्ष (m)	antariksh
cósmico	अंतरिक्षीय	antarikshīy
espaço (m) cósmico	अंतरिक्ष (m)	antariksh
mundo, universo (m)	ब्रह्माण्ड (m)	brahmānd
galáxia (f)	आकाशगंगा (f)	ākāshaganga
estrela (f)	सितारा (m)	sitāra
constelação (f)	नक्षत्र (m)	nakshatr
planeta (m)	ग्रह (m)	grah
satélite (m)	उपग्रह (m)	upagrah
meteorito (m)	उल्का पिंड (m)	ulka pind
cometa (m)	पुच्छल तारा (m)	puchchhal tāra
asteroide (m)	ग्रहिका (f)	grahika
órbita (f)	ग्रहपथ (m)	grahapath
girar (vi)	चक्कर लगना	chakkar lagana
atmosfera (f)	वातावरण (m)	vātāvaran
Sol (m)	सूरज (m)	sūraj
Sistema (m) Solar	सौर प्रणाली (f)	saur pranālī
eclipse (m) solar	सूर्य ग्रहण (m)	sūry grahan
Terra (f)	पृथ्वी (f)	prthvī
Lua (f)	चांद (m)	chānd
Marte (m)	मंगल (m)	mangal
Vénus (f)	शुक्र (m)	shukr
Júpiter (m)	बृहस्पति (m)	brhaspati
Saturno (m)	शनि (m)	shani
Mercúrio (m)	बुध (m)	budh
Urano (m)	अरुण (m)	arun
Neptuno (m)	वरुण (m)	varūn
Plutão (m)	प्लूटो (m)	plūto
Via Láctea (f)	आकाश गंगा (f)	ākāsh ganga
Ursa Maior (f)	सप्तर्षिमंडल (m)	saptarshimandal
Estrela Polar (f)	ध्रुव तारा (m)	dhruv tāra
marciano (m)	मंगल ग्रह का निवासी (m)	mangal grah ka nivāsī
extraterrestre (m)	अन्य नक्षत्र का निवासी (m)	any nakshatr ka nivāsī
alienígena (m)	अन्य नक्षत्र का निवासी (m)	any nakshatr ka nivāsī

disco (m) voador	उड़न तश्तरी (f)	uran tashtarī
nave (f) espacial	अंतरिक्ष विमान (m)	antariksh vimān
estação (f) orbital	अंतरिक्ष अड्डा (m)	antariksh adda
lançamento (m)	चालू करना (m)	chālū karana
motor (m)	इंजन (m)	injan
bocal (m)	नोज़ल (m)	nozal
combustível (m)	ईंधन (m)	īndhan
cabine (f)	केबिन (m)	kebin
antena (f)	एरियल (m)	eriyal
vigia (f)	विमान गवाक्ष (m)	vimān gavāksh
bateria (f) solar	सौर पेनल (m)	saur penal
traje (m) espacial	अंतरिक्ष पोशाक (m)	antariksh poshāk
imponderabilidade (f)	भारहीनता (m)	bhārahīnata
oxigénio (m)	आक्सीजन (m)	āksījan
acoplagem (f)	डॉकिंग (f)	doking
fazer uma acoplagem	डॉकिंग करना	doking karana
observatório (m)	वेधशाला (m)	vedhashāla
telescópio (m)	दूरबीन (f)	dūrabīn
observar (vt)	देखना	dekhana
explorar (vt)	जाँचना	jānchana

123. A Terra

Terra (f)	पृथ्वी (f)	prthvī
globo terrestre (Terra)	गोला (m)	gola
planeta (m)	ग्रह (m)	grah
atmosfera (f)	वातावरण (m)	vātāvaran
geografia (f)	भूगोल (m)	bhūgol
natureza (f)	प्रकृति (f)	prakrti
globo (mapa esférico)	गोलक (m)	golak
mapa (m)	नक्शा (m)	naksha
atlas (m)	मानचित्रावली (f)	mānachitrāvalī
Europa (f)	यूरोप (m)	yūrop
Ásia (f)	एशिया (f)	eshiya
África (f)	अफ्रीका (m)	afrīka
Austrália (f)	ऑस्ट्रेलिया (m)	ostreliya
América (f)	अमेरिका (f)	amerika
América (f) do Norte	उत्तरी अमेरिका (f)	uttarī amerika
América (f) do Sul	दक्षिणी अमेरिका (f)	dakshinī amerika
Antártida (f)	अंटार्कटिक (m)	antārkatik
Ártico (m)	आर्कटिक (m)	ārkatik

124. Pontos cardeais

norte (m)	उत्तर (m)	uttar
para norte	उत्तर की ओर	uttar kī or
no norte	उत्तर में	uttar men
do norte	उत्तरी	uttarī
sul (m)	दक्षिण (m)	dakshin
para sul	दक्षिण की ओर	dakshin kī or
no sul	दक्षिण में	dakshin men
do sul	दक्षिणी	dakshinī
oeste, ocidente (m)	पश्चिम (m)	pashchim
para oeste	पश्चिम की ओर	pashchim kī or
no oeste	पश्चिम में	pashchim men
ocidental	पश्चिमी	pashchimī
leste, oriente (m)	पूर्व (m)	pūrv
para leste	पूर्व की ओर	pūrv kī or
no leste	पूर्व में	pūrv men
oriental	पूर्वी	pūrvī

125. Mar. Oceano

mar (m)	सागर (m)	sāgar
oceano (m)	महासागर (m)	mahāsāgar
golfo (m)	खाड़ी (f)	khārī
estreito (m)	जलग्रीवा (m)	jalagrīva
continente (m)	महाद्वीप (m)	mahādvīp
ilha (f)	द्वीप (m)	dvīp
península (f)	प्रायद्वीप (m)	prāyadvīp
arquipélago (m)	द्वीप समूह (m)	dvīp samūh
baía (f)	तट-खाड़ी (f)	tat-khārī
porto (m)	बंदरगाह (m)	bandaragāh
lagoa (f)	लैगून (m)	laigūn
cabo (m)	अंतरीप (m)	antarīp
atol (m)	एटोल (m)	etol
recife (m)	रीफ़ (m)	rīf
coral (m)	प्रवाल (m)	pravāl
recife (m) de coral	प्रवाल रीफ़ (m)	pravāl rīf
profundo	गहरा	gahara
profundidade (f)	गहराई (f)	gaharaī
abismo (m)	रसातल (m)	rasātal
fossa (f) oceânica	गढ़ा (m)	garha
corrente (f)	धारा (f)	dhāra
banhar (vt)	घिरा होना	ghira hona
litoral (m)	किनारा (m)	kināra
costa (f)	तटबंध (m)	tatabandh

maré (f) alta	ज्वार (m)	jvār
refluxo (m), maré (f) baixa	भाटा (m)	bhāta
restinga (f)	रेती (m)	retī
fundo (m)	तला (m)	tala
onda (f)	तरंग (f)	tarang
crista (f) da onda	तरंग शिखर (f)	tarang shikhar
espuma (f)	झाग (m)	jhāg
furacão (m)	तुफ़ान (m)	tufān
tsunami (m)	सुनामी (f)	sunāmī
calmaria (f)	शांत (m)	shānt
calmo	शांत	shānt
polo (m)	ध्रुव (m)	dhruv
polar	ध्रुवीय	dhruvīy
latitude (f)	अक्षांश (m)	akshānsh
longitude (f)	देशान्तर (m)	deshāntar
paralela (f)	समांतर-रेखा (f)	samāntar-rekha
equador (m)	भूमध्य रेखा (f)	bhūmadhy rekha
céu (m)	आकाश (f)	ākāsh
horizonte (m)	क्षितिज (m)	kshitij
ar (m)	हवा (f)	hava
farol (m)	प्रकाशस्तंभ (m)	prakāshastambh
mergulhar (vi)	गोता मारना	gota mārana
afundar-se (vr)	डूब जाना	dūb jāna
tesouros (m pl)	ख़ज़ाना (m)	khazāna

126. Nomes de Mares e Oceanos

Oceano (m) Atlântico	अटलांटिक महासागर (m)	atalāntik mahāsāgar
Oceano (m) Índico	हिन्द महासागर (m)	hind mahāsāgar
Oceano (m) Pacífico	प्रशांत महासागर (m)	prashānt mahāsāgar
Oceano (m) Ártico	उत्तरी ध्रुव महासागर (m)	uttarī dhuv mahāsāgar
Mar (m) Negro	काला सागर (m)	kāla sāgar
Mar (m) Vermelho	लाल सागर (m)	lāl sāgar
Mar (m) Amarelo	पीला सागर (m)	pīla sāgar
Mar (m) Branco	सफ़ेद सागर (m)	safed sāgar
Mar (m) Cáspio	कैस्पियन सागर (m)	kaispiyan sāgar
Mar (m) Morto	मृत सागर (m)	mrt sāgar
Mar (m) Mediterrâneo	भूमध्य सागर (m)	bhūmadhy sāgar
Mar (m) Egeu	ईजियन सागर (m)	ījiyan sāgar
Mar (m) Adriático	एड्रिएटिक सागर (m)	edrietik sāgar
Mar (m) Arábico	अरब सागर (m)	arab sāgar
Mar (m) do Japão	जापान सागर (m)	jāpān sāgar
Mar (m) de Bering	बेरिंग सागर (m)	bering sāgar
Mar (m) da China Meridional	दक्षिण चीन सागर (m)	dakshin chīn sāgar

Mar (m) de Coral	कोरल सागर (m)	koral sāgar
Mar (m) de Tasman	तस्मान सागर (m)	tasmān sāgar
Mar (m) do Caribe	करिबियन सागर (m)	karibiyan sāgar
Mar (m) de Barents	बैरेंट्स सागर (m)	bairents sāgar
Mar (m) de Kara	काड़ा सागर (m)	kāra sāgar
Mar (m) do Norte	उत्तर सागर (m)	uttar sāgar
Mar (m) Báltico	बाल्टिक सागर (m)	bāltik sāgar
Mar (m) da Noruega	नार्वे सागर (m)	nārve sāgar

127. Montanhas

montanha (f)	पहाड़ (m)	pahār
cordilheira (f)	पर्वत माला (f)	parvat māla
serra (f)	पहाड़ों का सिलसिला (m)	pahāron ka silsila
cume (m)	चोटी (f)	choṭī
pico (m)	शिखर (m)	shikhar
sopé (m)	तलहटी (f)	talahaṭī
declive (m)	ढलान (f)	dhalān
vulcão (m)	ज्वालामुखी (m)	jvālāmukhī
vulcão (m) ativo	सक्रिय ज्वालामुखी (m)	sakriy jvālāmukhī
vulcão (m) extinto	निष्क्रिय ज्वालामुखी (m)	nishkriy jvālāmukhī
erupção (f)	विस्फोटन (m)	visfoṭan
cratera (f)	ज्वालामुखी का मुख (m)	jvālāmukhī ka mukh
magma (m)	मैग्मा (m)	maigma
lava (f)	लावा (m)	lāva
fundido (lava ~a)	पिघला हुआ	pighala hua
desfiladeiro (m)	घाटी (m)	ghāṭī
garganta (f)	तंग घाटी (f)	tang ghāṭī
fenda (f)	दरार (m)	darār
passo, colo (m)	मार्ग (m)	mārg
planalto (m)	पठार (m)	pathār
falésia (f)	शिला (f)	shila
colina (f)	टीला (m)	ṭīla
glaciar (m)	हिमनद (m)	himanad
queda (f) d'água	झरना (m)	jharana
géiser (m)	उष्ण जल स्रोत (m)	ushn jal srot
lago (m)	तालाब (m)	tālāb
planície (f)	समतल प्रदेश (m)	samatal pradesh
paisagem (f)	परिदृश्य (m)	paridrshy
eco (m)	गूँज (f)	gūnj
alpinista (m)	पर्वतारोही (m)	parvatārohī
escalador (m)	पर्वतारोही (m)	parvatārohī
conquistar (vt)	चोटी पर पहुँचना	choṭī par pahunchana
subida, escalada (f)	चढ़ाव (m)	charhāv

128. Nomes de montanhas

Português	Hindi	Transliteração
Alpes (m pl)	आल्पस (m)	ālpas
monte Branco (m)	मोन्ट ब्लैंक (m)	mont blaink
Pirineus (m pl)	पाइरीनीज़ (f pl)	pairīnīz
Cárpatos (m pl)	कार्पाथियेन्स (m)	kārpāthiyens
montes (m pl) Urais	यूरल (m)	yūral
Cáucaso (m)	कोकेशिया के पहाड़ (m)	kokeshiya ke pahār
Elbrus (m)	एल्ब्रस पर्वत (m)	elbras parvat
Altai (m)	अल्टाई पर्वत (m)	altaī parvat
Tian Shan (m)	तियान शान (m)	tiyān shān
Pamir (m)	पामीर पर्वत (m)	pāmīr parvat
Himalaias (m pl)	हिमालय (m)	himālay
monte (m) Everest	माउंट एवरेस्ट (m)	maunt evarest
Cordilheira (f) dos Andes	एंडीज़ (f pl)	endīz
Kilimanjaro (m)	किलीमन्जारो (m)	kilīmanjāro

129. Rios

Português	Hindi	Transliteração
rio (m)	नदी (f)	nadī
fonte, nascente (f)	झरना (m)	jharana
leito (m) do rio	नदी तल (m)	nadī tal
bacia (f)	बेसिन (m)	besin
desaguar no …	गिरना	girana
afluente (m)	उपनदी (f)	upanadī
margem (do rio)	तट (m)	tat
corrente (f)	धारा (f)	dhāra
rio abaixo	बहाव के साथ	bahāv ke sāth
rio acima	बहाव के विरुद्ध	bahāv ke virūddh
inundação (f)	बाढ़ (f)	bārh
cheia (f)	बाढ़ (f)	bārh
transbordar (vi)	उमड़ना	umarana
inundar (vt)	पानी से भरना	pānī se bharana
banco (m) de areia	छिछला पानी (m)	chhichhala pānī
rápidos (m pl)	तेज़ उतार (m)	tez utār
barragem (f)	बांध (m)	bāndh
canal (m)	नहर (f)	nahar
reservatório (m) de água	जलाशय (m)	jalāshay
eclusa (f)	स्लूस (m)	slūs
corpo (m) de água	जल स्रोत (m)	jal srot
pântano (m)	दलदल (f)	daladal
tremedal (m)	दलदल (f)	daladal
remoinho (m)	भंवर (m)	bhanvar
arroio, regato (m)	झरना (m)	jharana

| potável | पीने का | pīne ka |
| doce (água) | ताज़ा | tāza |

| gelo (m) | बर्फ़ (m) | barf |
| congelar-se (vr) | जम जाना | jam jāna |

130. Nomes de rios

| rio Sena (m) | सीन (f) | sīn |
| rio Loire (m) | लॉयर (f) | loyar |

rio Tamisa (m)	थेम्स (f)	thems
rio Reno (m)	राइन (f)	rain
rio Danúbio (m)	डेन्यूब (f)	denyūb

rio Volga (m)	वोल्गा (f)	volga
rio Don (m)	डॉन (f)	don
rio Lena (m)	लेना (f)	lena

rio Amarelo (m)	ह्वांग हे (f)	hvāng he
rio Yangtzé (m)	यांग्त्ज़ी (f)	yāngtzī
rio Mekong (m)	मेकांग (f)	mekāng
rio Ganges (m)	गंगा (f)	ganga

rio Nilo (m)	नील (f)	nīl
rio Congo (m)	कांगो (f)	kāngo
rio Cubango (m)	ओकावान्गो (f)	okāvāngo
rio Zambeze (m)	ज़म्बेज़ी (f)	zambezī
rio Limpopo (m)	लिम्पोपो (f)	limpopo
rio Mississípi (m)	मिसिसिपी (f)	misisipī

131. Floresta

| floresta (f), bosque (m) | जंगल (m) | jangal |
| florestal | जंगली | jangalī |

mata (f) cerrada	घना जंगल (m)	ghana jangal
arvoredo (m)	उपवान (m)	upavān
clareira (f)	खुला छोटा मैदान (m)	khula chhota maidān

| matagal (m) | झाड़ियाँ (f pl) | jhāriyān |
| mato (m) | झाड़ियों भरा मैदान (m) | jhāriyon bhara maidān |

| vereda (f) | फुटपाथ (m) | futapāth |
| ravina (f) | नाली (f) | nālī |

árvore (f)	पेड़ (m)	per
folha (f)	पत्ता (m)	patta
folhagem (f)	पत्तियां (f)	pattiyān

| queda (f) das folhas | पतझड़ (m) | patajhar |
| cair (vi) | गिरना | girana |

topo (m)	शिखर (m)	shikhar
ramo (m)	टहनी (f)	tahanī
galho (m)	शाखा (f)	shākha
botão, rebento (m)	कलिका (f)	kalika
agulha (f)	सुई (f)	suī
pinha (f)	शंकुफल (m)	shankufal
buraco (m) de árvore	खोखला (m)	khokhala
ninho (m)	घोंसला (m)	ghonsala
toca (f)	बिल (m)	bil
tronco (m)	तना (m)	tana
raiz (f)	जड़ (f)	jar
casca (f) de árvore	छाल (f)	chhāl
musgo (m)	काई (f)	kaī
arrancar pela raiz	उखाड़ना	ukhārana
cortar (vt)	काटना	kātana
desflorestar (vt)	जंगल काटना	jangal kātana
toco, cepo (m)	ठूंठ (m)	thūnth
fogueira (f)	अलाव (m)	alāv
incêndio (m) florestal	जंगल की आग (f)	jangal kī āg
apagar (vt)	आग बुझाना	āg bujhāna
guarda-florestal (m)	वनरक्षक (m)	vanarakshak
proteção (f)	रक्षा (f)	raksha
proteger (a natureza)	रक्षा करना	raksha karana
caçador (m) furtivo	चोर शिकारी (m)	chor shikārī
armadilha (f)	फंदा (m)	fanda
colher (cogumelos, bagas)	बटोरना	batorana
perder-se (vr)	रास्ता भूलना	rāsta bhūlana

132. Recursos naturais

recursos (m pl) naturais	प्राकृतिक संसाधन (m pl)	prākrtik sansādhan
minerais (m pl)	खनिज पदार्थ (m pl)	khanij padārth
depósitos (m pl)	तह (f pl)	tah
jazida (f)	क्षेत्र (m)	kshetr
extrair (vt)	खोदना	khodana
extração (f)	खनिकर्म (m)	khanikarm
minério (m)	अयस्क (m)	ayask
mina (f)	खान (f)	khān
poço (m) de mina	शैफ़्ट (m)	shaifat
mineiro (m)	खनिक (m)	khanik
gás (m)	गैस (m)	gais
gasoduto (m)	गैस पाइप लाइन (m)	gais paip lain
petróleo (m)	पेट्रोल (m)	petrol
oleoduto (m)	तेल पाइप लाइन (m)	tel paip lain
poço (m) de petróleo	तेल का कुँआ (m)	tel ka kuna

torre (f) petrolífera	डेरिक (m)	derik
petroleiro (m)	टैंकर (m)	tainkar
areia (f)	रेत (m)	ret
calcário (m)	चूना पत्थर (m)	chūna patthar
cascalho (m)	बजरी (f)	bajarī
turfa (f)	पीट (m)	pīt
argila (f)	मिट्टी (f)	mittī
carvão (m)	कोयला (m)	koyala
ferro (m)	लोहा (m)	loha
ouro (m)	सोना (m)	sona
prata (f)	चाँदी (f)	chāndī
níquel (m)	गिलट (m)	gilat
cobre (m)	ताँबा (m)	tānba
zinco (m)	जस्ता (m)	jasta
manganês (m)	अयस (m)	ayas
mercúrio (m)	पारा (f)	pāra
chumbo (m)	सीसा (f)	sīsa
mineral (m)	खनिज (m)	khanij
cristal (m)	क्रिस्टल (m)	kristal
mármore (m)	संगमरमर (m)	sangamaramar
urânio (m)	यूरेनियम (m)	yūreniyam

A Terra. Parte 2

133. Tempo

tempo (m)	मौसम (m)	mausam
previsão (f) do tempo	मौसम का पूर्वानुमान (m)	mausam ka pūrvānumān
temperatura (f)	तापमान (m)	tāpamān
termómetro (m)	थर्मामीटर (m)	tharmāmītar
barómetro (m)	बैरोमीटर (m)	bairomītar
humidade (f)	नमी (f)	namī
calor (m)	गरमी (f)	garamī
cálido	गरम	garam
está muito calor	गरमी है	garamī hai
está calor	गरम है	garam hai
quente	गरम	garam
está frio	ठंडक है	thandak hai
frio	ठंडा	thanda
sol (m)	सूरज (m)	sūraj
brilhar (vi)	चमकना	chamakana
de sol, ensolarado	धूपदार	dhūpadār
nascer (vi)	उगना	ugana
pôr-se (vr)	डूबना	dūbana
nuvem (f)	बादल (m)	bādal
nublado	मेघाच्छादित	meghāchchhādit
nuvem (f) preta	घना बादल (m)	ghana bādal
escuro, cinzento	बदली	badalī
chuva (f)	बारिश (f)	bārish
está a chover	बारिश हो रही है	bārish ho rahī hai
chuvoso	बरसाती	barasātī
chuviscar (vi)	बूंदाबांदी होना	būndābāndī hona
chuva (f) torrencial	मूसलधार बारिश (f)	mūsaladhār bārish
chuvada (f)	मूसलधार बारिश (f)	mūsaladhār bārish
forte (chuva)	भारी	bhārī
poça (f)	पोखर (m)	pokhar
molhar-se (vr)	भीगना	bhīgana
nevoeiro (m)	कुहरा (m)	kuhara
de nevoeiro	कुहरेदार	kuharedār
neve (f)	बर्फ़ (f)	barf
está a nevar	बर्फ़ पड़ रही है	barf par rahī hai

134. Tempo extremo. Catástrofes naturais

trovoada (f)	गरजवाला तुफ़ान (m)	garajavāla tufān
relâmpago (m)	बिजली (m)	bijalī
relampejar (vi)	चमकना	chamakana
trovão (m)	गरज (m)	garaj
trovejar (vi)	बादल गरजना	bādal garajana
está a trovejar	बादल गरज रहा है	bādal garaj raha hai
granizo (m)	ओला (m)	ola
está a cair granizo	ओले पड़ रहे हैं	ole par rahe hain
inundar (vt)	बाढ़ आ जाना	bārh ā jāna
inundação (f)	बाढ़ (f)	bārh
terremoto (m)	भूकंप (m)	bhūkamp
abalo, tremor (m)	झटका (m)	jhataka
epicentro (m)	अधिकेंद्र (m)	adhikendr
erupção (f)	उद्गार (m)	udgār
lava (f)	लावा (m)	lāva
turbilhão (m)	बवंडर (m)	bavandar
tornado (m)	टोर्नेडो (m)	tornedo
tufão (m)	रतूफ़ान (m)	ratūfān
furacão (m)	समुद्री तूफ़ान (m)	samudrī tūfān
tempestade (f)	तूफ़ान (m)	tufān
tsunami (m)	सुनामी (f)	sunāmī
ciclone (m)	चक्रवात (m)	chakravāt
mau tempo (m)	ख़राब मौसम (m)	kharāb mausam
incêndio (m)	आग (f)	āg
catástrofe (f)	प्रलय (m)	pralay
meteorito (m)	उल्का पिंड (m)	ulka pind
avalanche (f)	हिमस्खलन (m)	himaskhalan
deslizamento (m) de neve	हिमस्खलन (m)	himaskhalan
nevasca (f)	बर्फ़ का तूफ़ान (m)	barf ka tufān
tempestade (f) de neve	बर्फ़ीला तूफ़ान (m)	barfila tufān

Fauna

135. Mamíferos. Predadores

predador (m)	परभक्षी (m)	parabhakshī
tigre (m)	बाघ (m)	bāgh
leão (m)	शेर (m)	sher
lobo (m)	भेड़िया (m)	bheriya
raposa (f)	लोमड़ी (f)	lomri
jaguar (m)	जागुआर (m)	jāguār
leopardo (m)	तेंदुआ (m)	tendua
chita (f)	चीता (m)	chīta
pantera (f)	काला तेंदुआ (m)	kāla tendua
puma (m)	पहाड़ी बिलाव (m)	pahādī bilāv
leopardo-das-neves (m)	हिम तेंदुआ (m)	him tendua
lince (m)	वन बिलाव (m)	van bilāv
coiote (m)	कोयोट (m)	koyot
chacal (m)	गीदड़ (m)	gīdar
hiena (f)	लकड़बग्घा (m)	lakarabaggha

136. Animais selvagens

animal (m)	जानवर (m)	jānavar
besta (f)	जानवर (m)	jānavar
esquilo (m)	गिलहरी (f)	gilaharī
ouriço (m)	कांटा-चूहा (m)	kānta-chūha
lebre (f)	खरगोश (m)	kharagosh
coelho (m)	खरगोश (m)	kharagosh
texugo (m)	बिज्जू (m)	bijjū
guaxinim (m)	रैकून (m)	raikūn
hamster (m)	हैम्स्टर (m)	haimstar
marmota (f)	मारमोट (m)	māramot
toupeira (f)	छछूंदर (m)	chhachhūndar
rato (m)	चूहा (m)	chūha
ratazana (f)	घूस (m)	ghūs
morcego (m)	चमगादड़ (m)	chamagādar
arminho (m)	नेवला (m)	nevala
zibelina (f)	सेबल (m)	sebal
marta (f)	मारटेन (m)	māraten
doninha (f)	नेवला (m)	nevala
vison (m)	मिंक (m)	mink

castor (m)	ऊदबिलाव (m)	ūdabilāv
lontra (f)	ऊदबिलाव (m)	ūdabilāv
cavalo (m)	घोड़ा (m)	ghora
alce (m)	मूस (m)	mūs
veado (m)	हिरण (m)	hiran
camelo (m)	ऊंट (m)	ūnt
bisão (m)	बाइसन (m)	baisan
auroque (m)	जंगली बैल (m)	jangalī bail
búfalo (m)	भैंस (m)	bhains
zebra (f)	ज़ेबरा (m)	zebara
antílope (m)	मृग (f)	mrg
corça (f)	मृगनी (f)	mrgnī
gamo (m)	चीतल (m)	chītal
camurça (f)	शैमी (f)	shaimī
javali (m)	जंगली सुअर (m)	jangalī suār
baleia (f)	हेल (f)	hvel
foca (f)	सील (m)	sīl
morsa (f)	वॉलरस (m)	volaras
urso-marinho (m)	फर सील (f)	far sīl
golfinho (m)	डॉलफ़िन (f)	dolafin
urso (m)	रीछ (m)	rīchh
urso (m) branco	सफ़ेद रीछ (m)	safed rīchh
panda (m)	पांडा (m)	pānda
macaco (em geral)	बंदर (m)	bandar
chimpanzé (m)	वनमानुष (m)	vanamānush
orangotango (m)	वनमानुष (m)	vanamānush
gorila (m)	गोरिला (m)	gorila
macaco (m)	अफ़ूकैन लंगूर (m)	afrikan langūr
gibão (m)	गिब्बन (m)	gibban
elefante (m)	हाथी (m)	hāthī
rinoceronte (m)	गैंडा (m)	gainda
girafa (f)	जिराफ़ (m)	jirāf
hipopótamo (m)	दरियाई घोड़ा (m)	dariyaī ghora
canguru (m)	कंगारू (m)	kangārū
coala (m)	कोआला (m)	koāla
mangusto (m)	नेवला (m)	nevala
chinchila (m)	चिनचीला (f)	chinachīla
doninha-fedorenta (f)	स्कंक (m)	skank
porco-espinho (m)	शल्यक (f)	shalyak

137. Animais domésticos

gata (f)	बिल्ली (f)	billī
gato (m) macho	बिल्ला (m)	billa
cão (m)	कुत्ता (m)	kutta

cavalo (m)	घोड़ा (m)	ghora
garanhão (m)	घोड़ा (m)	ghora
égua (f)	घोड़ी (f)	ghorī
vaca (f)	गाय (f)	gãy
touro (m)	बैल (m)	bail
boi (m)	बैल (m)	bail
ovelha (f)	भेड़ (f)	bher
carneiro (m)	भेड़ा (m)	bhera
cabra (f)	बकरी (f)	bakarī
bode (m)	बकरा (m)	bakara
burro (m)	गधा (m)	gadha
mula (f)	खच्चर (m)	khachchar
porco (m)	सुअर (m)	suar
leitão (m)	घेंटा (m)	ghenta
coelho (m)	खरगोश (m)	kharagosh
galinha (f)	मुर्गी (f)	murgī
galo (m)	मुर्गा (m)	murga
pata (f)	बत्तख़ (f)	battakh
pato (macho)	नर बत्तख़ (m)	nar battakh
ganso (m)	हंस (m)	hans
peru (m)	नर टर्की (m)	nar tarkī
perua (f)	टर्की (f)	tarkī
animais (m pl) domésticos	घरेलू पशु (m pl)	gharelū pashu
domesticado	पालतू	pālatū
domesticar (vt)	पालतू बनाना	pālatū banāna
criar (vt)	पालना	pālana
quinta (f)	खेत (m)	khet
aves (f pl) domésticas	मुर्गी पालन (f)	murgī pālan
gado (m)	मवेशी (m)	maveshī
rebanho (m), manada (f)	पशु समूह (m)	pashu samūh
estábulo (m)	अस्तबल (m)	astabal
pocilga (f)	सूअरखाना (m)	sūarakhāna
estábulo (m)	गोशाला (f)	goshāla
coelheira (f)	खरगोश का दरबा (m)	kharagosh ka daraba
galinheiro (m)	मुर्गीखाना (m)	murgīkhāna

138. Pássaros

pássaro (m), ave (f)	चिड़िया (f)	chiriya
pombo (m)	कबूतर (m)	kabūtar
pardal (m)	गौरैया (f)	gauraiya
chapim-real (m)	टिटरी (f)	titarī
pega-rabuda (f)	नीलकण्ठ पक्षी (f)	nīlakanth pakshī
corvo (m)	काला कौआ (m)	kāla kaua

gralha (f) cinzenta	कौआ (m)	kaua
gralha-de-nuca-cinzenta (f)	कौआ (m)	kaua
gralha-calva (f)	कौआ (m)	kaua
pato (m)	बतख़ (f)	battakh
ganso (m)	हंस (m)	hans
faisão (m)	तीतर (m)	tītar
águia (f)	चील (f)	chīl
açor (m)	बाज़ (m)	bāz
falcão (m)	बाज़ (m)	bāz
abutre (m)	गिद्ध (m)	giddh
condor (m)	कॉन्डोर (m)	kondor
cisne (m)	राजहंस (m)	rājahans
grou (m)	सारस (m)	sāras
cegonha (f)	लकलक (m)	lakalak
papagaio (m)	तोता (m)	tota
beija-flor (m)	हमिंग बर्ड (f)	haming bard
pavão (m)	मोर (m)	mor
avestruz (m)	शुतुरमुर्ग (m)	shuturamurg
garça (f)	बगुला (m)	bagula
flamingo (m)	फ़्लेमिन्गो (m)	flemingo
pelicano (m)	हवासिल (m)	havāsil
rouxinol (m)	बुलबुल (m)	bulabul
andorinha (f)	अबाबील (f)	abābīl
tordo-zornal (m)	मुखव्रण (f)	mukhavran
tordo-músico (m)	मुखव्रण (f)	mukhavran
melro-preto (m)	ब्लैकबर्ड (m)	blaikabard
andorinhão (m)	बतासी (f)	batāsī
cotovia (f)	भरत (m)	bharat
codorna (f)	वर्तक (m)	varttak
pica-pau (m)	कठफोड़ा (m)	kathafora
cuco (m)	कोयल (f)	koyal
coruja (f)	उल्लू (m)	ullū
corujão, bufo (m)	गरूड़ उल्लू (m)	garūr ullū
tetraz-grande (m)	तीतर (m)	tītar
tetraz-lira (m)	काला तीतर (m)	kāla tītar
perdiz-cinzenta (f)	चकोर (m)	chakor
estorninho (m)	तिलिया (f)	tiliya
canário (m)	कनारी (f)	kanārī
galinha-do-mato (f)	पिंगल तीतर (m)	pingal tītar
tentilhão (m)	फ़िंच (m)	finch
dom-fafe (m)	बुलफ़िंच (m)	bulafinch
gaivota (f)	गंगा-चिल्ली (f)	ganga-chillī
albatroz (m)	अल्बात्रोस (m)	albātros
pinguim (m)	पेंगुइन (m)	penguin

139. Peixes. Animais marinhos

brema (f)	ब्रीम (f)	brīm
carpa (f)	कार्प (f)	kārp
perca (f)	पर्च (f)	parch
siluro (m)	कैटफ़िश (f)	kaitafish
lúcio (m)	पाइक (f)	paik
salmão (m)	सैल्मन (f)	sailman
esturjão (m)	स्टर्जन (f)	starjan
arenque (m)	हेरिंग (f)	hering
salmão (m)	अटलांटिक सैल्मन (f)	atalāntik sailman
cavala, sarda (f)	माक्रैल (f)	mākrail
solha (f)	फ़्लैटफ़िश (f)	flaitafish
lúcio perca (m)	पाइक पर्च (f)	paik parch
bacalhau (m)	कॉड (f)	kod
atum (m)	टूना (f)	tūna
truta (f)	ट्राउट (f)	traut
enguia (f)	सर्पमीन (f)	sarpamīn
raia elétrica (f)	विद्युत शंकुश (f)	vidyut shankush
moreia (f)	मोरे सर्पमीन (f)	more sarpamīn
piranha (f)	पिरान्हा (f)	pirānha
tubarão (m)	शार्क (f)	shārk
golfinho (m)	डॉलफ़िन (f)	dolafin
baleia (f)	ह्वेल (f)	hvel
caranguejo (m)	केकड़ा (m)	kekara
medusa, alforreca (f)	जेली फ़िश (f)	jelī fish
polvo (m)	आक्टोपस (m)	āktopas
estrela-do-mar (f)	स्टार फ़िश (f)	stār fish
ouriço-do-mar (m)	जलसाही (f)	jalasāhī
cavalo-marinho (m)	समुद्री घोड़ा (m)	samudrī ghora
ostra (f)	कस्तूरा (m)	kastūra
camarão (m)	झींगा (f)	jhīnga
lavagante (m)	लॉब्सटर (m)	lobsatar
lagosta (f)	स्पाइनी लॉब्सटर (m)	spainī lobsatar

140. Amfíbios. Répteis

serpente, cobra (f)	सर्प (m)	sarp
venenoso	विषैला	vishaila
víbora (f)	वाइपर (m)	vaipar
cobra-capelo, naja (f)	नाग (m)	nāg
pitão (m)	अजगर (m)	ajagar
jiboia (f)	अजगर (m)	ajagar
cobra-de-água (f)	सांप (f)	sānp

| cascavel (f) | रैटल सर्प (m) | raital sarp |
| anaconda (f) | एनाकोन्डा (f) | enākonda |

lagarto (m)	छिपकली (f)	chhipakalī
iguana (f)	इग्यूएना (m)	igyūena
varano (m)	मॉनिटर छिपकली (f)	monitar chhipakalī
salamandra (f)	सैलामैंडर (m)	sailāmaindar
camaleão (m)	गिरगिट (m)	giragit
escorpião (m)	वृश्चिक (m)	vrshchik

tartaruga (f)	कछुआ (m)	kachhua
rã (f)	मेंढक (m)	mendhak
sapo (m)	भेक (m)	bhek
crocodilo (m)	मगर (m)	magar

141. Insetos

inseto (m)	कीट (m)	kīt
borboleta (f)	तितली (f)	titalī
formiga (f)	चींटी (f)	chīntī
mosca (f)	मक्खी (f)	makkhī
mosquito (m)	मच्छर (m)	machchhar
escaravelho (m)	भृंग (m)	bhrng

vespa (f)	हड्डा (m)	hadda
abelha (f)	मधुमक्खी (f)	madhumakkhī
mamangava (f)	भंवरा (m)	bhanvara
moscardo (m)	गोमक्खी (f)	gomakkhī

| aranha (f) | मकड़ी (f) | makarī |
| teia (f) de aranha | मकड़ी का जाल (m) | makarī ka jāl |

libélula (f)	व्याध-पतंग (m)	vyādh-patang
gafanhoto-do-campo (m)	टिड्डा (m)	tidda
traça (f)	पतंगा (m)	patanga

barata (f)	तिलचट्टा (m)	tilachatta
carraça (f)	जुँआ (m)	juna
pulga (f)	पिस्सू (m)	pissū
borrachudo (m)	भुनगा (m)	bhunaga

gafanhoto (m)	टिड्डी (f)	tiddī
caracol (m)	घोंघा (m)	ghongha
grilo (m)	झींगुर (m)	jhīngur
pirilampo (m)	जुगनू (m)	juganū
joaninha (f)	सोनपंखी (f)	sonapankhī
besouro (m)	कोकचाफ़ (m)	kokachāf

sanguessuga (f)	जोंक (m)	jok
lagarta (f)	इल्ली (f)	illī
minhoca (f)	केंचुआ (m)	kenchua
larva (f)	कीटडिंभ (m)	kītadimbh

Flora

142. Árvores

árvore (f)	पेड़ (m)	per
decídua	पर्णपाती	parnapātī
conífera	शंकुधर	shankudhar
perene	सदाबहार	sadābahār

macieira (f)	सेब वृक्ष (m)	seb vrksh
pereira (f)	नाश्पाती का पेड़ (m)	nāshpātī ka per
cerejeira, ginjeira (f)	चेरी का पेड़ (f)	cherī ka per
ameixeira (f)	आलूबुख़ारे का पेड़ (m)	ālūbukhāre ka per

bétula (f)	सनोबर का पेड़ (m)	sanobar ka per
carvalho (m)	बलूत (m)	balūt
tília (f)	लिनडेन वृक्ष (m)	linaden vrksh
choupo-tremedor (m)	आस्पेन वृक्ष (m)	āspen vrksh
bordo (m)	मेपल (m)	mepal

espruce-europeu (m)	फर का पेड़ (m)	far ka per
pinheiro (m)	देवदार (m)	devadār
alerce, lariço (m)	लार्च (m)	lārch
abeto (m)	फर (m)	far
cedro (m)	देवदर (m)	devadar
choupo, álamo (m)	पोप्लर वृक्ष (m)	poplar vrksh
tramazeira (f)	रोवाण (m)	rovān
salgueiro (m)	विलो (f)	vilo
amieiro (m)	आल्डर वृक्ष (m)	āldar vrksh

faia (f)	बीच (m)	bīch
ulmeiro (m)	एल्म वृक्ष (m)	elm vrksh
freixo (m)	एश-वृक्ष (m)	esh-vrksh
castanheiro (m)	चेस्टनट (m)	chestanat

magnólia (f)	मैगनोलिया (f)	maiganoliya
palmeira (f)	ताड़ का पेड़ (m)	tār ka per
cipreste (m)	सरो (m)	saro

mangue (m)	मैनग्रोव (m)	mainagrov
embondeiro, baobá (m)	गोरक्षी (m)	gorakshī
eucalipto (m)	यूकेलिप्टस (m)	yūkeliptas
sequoia (f)	सेकोइया (f)	sekoiya

143. Arbustos

arbusto (m)	झाड़ी (f)	jhārī
arbusto (m), moita (f)	झाड़ी (f)	jhārī

videira (f)	अंगूर की बेल (f)	angūr kī bel
vinhedo (m)	अंगूर का बाग़ (m)	angūr ka bāg
framboeseira (f)	रास्पबेरी की झाड़ी (f)	rāspaberī kī jhārī
groselheira-vermelha (f)	लाल करेंट की झाड़ी (f)	lāl karent kī jhārī
groselheira (f) espinhosa	गूज़बेरी की झाड़ी (f)	gūzaberī kī jhārī
acácia (f)	ऐकेशिय (m)	aikeshiy
bérberis (f)	बारबेरी झाड़ी (f)	bāraberī jhārī
jasmim (m)	चमेली (f)	chamelī
junípero (m)	जूनिपर (m)	jūnipar
roseira (f)	गुलाब की झाड़ी (f)	gulāb kī jhārī
roseira (f) brava	जंगली गुलाब (m)	jangalī gulāb

144. Frutos. Bagas

fruta (f)	फल (m)	fal
frutas (f pl)	फल (m pl)	fal
maçã (f)	सेब (m)	seb
pera (f)	नाशपाती (f)	nāshpātī
ameixa (f)	आलूबुखारा (m)	ālūbukhāra
morango (m)	स्ट्रॉबेरी (f)	stroberī
ginja, cereja (f)	चेरी (f)	cherī
uva (f)	अंगूर (m)	angūr
framboesa (f)	रास्पबेरी (f)	rāspaberī
groselha (f) preta	काली करेंट (f)	kālī karent
groselha (f) vermelha	लाल करेंट (f)	lāl karent
groselha (f) espinhosa	गूज़बेरी (f)	gūzaberī
oxicoco (m)	क्रेनबेरी (f)	krenaberī
laranja (f)	संतरा (m)	santara
tangerina (f)	नारंगी (f)	nārangī
ananás (m)	अनानास (m)	anānās
banana (f)	केला (m)	kela
tâmara (f)	खजूर (m)	khajūr
limão (m)	नींबू (m)	nīmbū
damasco (m)	खूबानी (f)	khūbānī
pêssego (m)	आड़ू (m)	ārū
kiwi (m)	चीकू (m)	chīkū
toranja (f)	ग्रेपफ्रूट (m)	grepafrūt
baga (f)	बेरी (f)	berī
bagas (f pl)	बेरियां (f pl)	beriyān
arando (m) vermelho	काओबेरी (f)	kaoberī
morango-silvestre (m)	जंगली स्ट्रॉबेरी (f)	jangalī stroberī
mirtilo (m)	बिलबेरी (f)	bilaberī

145. Flores. Plantas

Português	Hindi	Transliteração
flor (f)	फूल (m)	fūl
ramo (m) de flores	गुलदस्ता (m)	guladasta
rosa (f)	गुलाब (f)	gulāb
tulipa (f)	ट्यूलिप (m)	tyūlip
cravo (m)	गुलनार (m)	gulanār
gladíolo (m)	ग्लेडियोलस (m)	glediyolas
centáurea (f)	नीलकूपी (m)	nīlakūpī
campânula (f)	ब्लूबेल (m)	blūbel
dente-de-leão (m)	कुकरौंधा (m)	kukaraundha
camomila (f)	कैमोमाइल (m)	kaimomail
aloé (m)	मुसब्बर (m)	musabbar
cato (m)	कैक्टस (m)	kaiktas
fícus (m)	रबड़ का पौधा (m)	rabar ka paudha
lírio (m)	कुमुदिनी (f)	kumudinī
gerânio (m)	जेरेनियम (m)	jeraniyam
jacinto (m)	हायसिंथ (m)	hāyasinth
mimosa (f)	मिमोसा (m)	mimosa
narciso (m)	नरगिस (f)	naragis
capuchinha (f)	नस्टाशयम (m)	nastāshayam
orquídea (f)	आर्किड (m)	ārkid
peónia (f)	पियोनी (m)	piyonī
violeta (f)	वॉयलेट (m)	voyalet
amor-perfeito (m)	पैंज़ी (m pl)	painzī
não-me-esqueças (m)	फ़र्गेट मी नाट (m)	fargent mī nāt
margarida (f)	गुलबहार (f)	gulabahār
papoula (f)	खशखाश (m)	khashakhāsh
cânhamo (m)	भांग (f)	bhāng
hortelã (f)	पुदीना (m)	pudīna
lírio-do-vale (m)	कामुदिनी (f)	kāmudinī
campânula-branca (f)	सफ़ेद फूल (m)	safed fūl
urtiga (f)	बिच्छू बूटी (f)	bichchhū būtī
azeda (f)	सोरेल (m)	sorel
nenúfar (m)	कुमुदिनी (f)	kumudinī
feto (m), samambaia (f)	फ़र्न (m)	farn
líquen (m)	शैवाक (m)	shaivāk
estufa (f)	शीशाघर (m)	shīshāghar
relvado (m)	घास का मैदान (m)	ghās ka maidān
canteiro (m) de flores	फुलवारी (f)	fulavārī
planta (f)	पौधा (m)	paudha
erva (f)	घास (f)	ghās
folha (f) de erva	तिनका (m)	tinaka

folha (f)	पत्ती (f)	pattī
pétala (f)	पंखड़ी (f)	pankharī
talo (m)	डंडी (f)	dandī
tubérculo (m)	कंद (m)	kand
broto, rebento (m)	अंकुर (m)	ankur
espinho (m)	कांटा (m)	kānta
florescer (vi)	खिलना	khilana
murchar (vi)	मुरझाना	murajhāna
cheiro (m)	बू (m)	bū
cortar (flores)	काटना	kātana
colher (uma flor)	तोड़ना	torana

146. Cereais, grãos

grão (m)	दाना (m)	dāna
cereais (plantas)	अनाज की फ़सलें (m pl)	anāj kī fasalen
espiga (f)	बाल (f)	bāl
trigo (m)	गेहूं (m)	gehūn
centeio (m)	रई (f)	raī
aveia (f)	जई (f)	jaī
milho-miúdo (m)	बाजरा (m)	bājara
cevada (f)	जौ (m)	jau
milho (m)	मक्का (m)	makka
arroz (m)	चावल (m)	chāval
trigo-sarraceno (m)	मोथी (m)	mothī
ervilha (f)	मटर (m)	matar
feijão (m)	राजमा (f)	rājama
soja (f)	सोया (m)	soya
lentilha (f)	दाल (m)	dāl
fava (f)	फली (f pl)	falī

PAÍSES. NACIONALIDADES

147. Europa Ocidental

Europa (f)	यूरोप (m)	yūrop
União (f) Europeia	यूरोपीय संघ (m)	yūropīy sangh
Áustria (f)	ऑस्ट्रिया (m)	ostriya
Grã-Bretanha (f)	ग्रेट ब्रिटेन (m)	gret briten
Inglaterra (f)	इंग्लैंड (m)	inglaind
Bélgica (f)	बेल्जियम (m)	beljiyam
Alemanha (f)	जर्मन (m)	jarman
Países (m pl) Baixos	नीदरलैंड्स (m)	nīdaralainds
Holanda (f)	हॉलैंड (m)	holaind
Grécia (f)	ग्रीस (m)	grīs
Dinamarca (f)	डेन्मार्क (m)	denmārk
Irlanda (f)	आयरलैंड (m)	āyaralaind
Islândia (f)	आयसलैंड (m)	āyasalaind
Espanha (f)	स्पेन (m)	spen
Itália (f)	इटली (m)	italī
Chipre (m)	साइप्रस (m)	saipras
Malta (f)	माल्टा (m)	mālta
Noruega (f)	नार्वे (m)	nārve
Portugal (m)	पुर्तगाल (m)	purtagāl
Finlândia (f)	फिनलैंड (m)	finalaind
França (f)	फ्रांस (m)	frāns
Suécia (f)	स्वीडन (m)	svīdan
Suíça (f)	स्विट्ज़रलैंड (m)	svitzaralaind
Escócia (f)	स्कॉटलैंड (m)	skotalaind
Vaticano (m)	वेटिकन (m)	vetikan
Liechtenstein (m)	लिकटेंस्टीन (m)	likatenstīn
Luxemburgo (m)	लक्ज़मबर्ग (m)	lakzamabarg
Mónaco (m)	मोनाको (m)	monāko

148. Europa Central e de Leste

Albânia (f)	अल्बानिया (m)	albāniya
Bulgária (f)	बुल्गारिया (m)	bulgāriya
Hungria (f)	हंगरी (m)	hangarī
Letónia (f)	लाटविया (m)	lātaviya
Lituânia (f)	लिथुआनिया (m)	lithuāniya
Polónia (f)	पोलैंड (m)	polaind

Roménia (f)	रोमानिया (m)	romāniya
Sérvia (f)	सर्बिया (m)	sarbiya
Eslováquia (f)	स्लोवाकिया (m)	slovākiya
Croácia (f)	क्रोएशिया (m)	kroeshiya
República (f) Checa	चेक गणतंत्र (m)	chek ganatantr
Estónia (f)	एस्तोनिया (m)	estoniya
Bósnia e Herzegovina (f)	बोस्निया और हर्ज़ेगोविना	bosniya aur harzegovina
Macedónia (f)	मेसेडोनिया (m)	mesedoniya
Eslovénia (f)	स्लोवेनिया (m)	sloveniya
Montenegro (m)	मोंटेनेग्रो (m)	montenegro

149. Países da ex-URSS

Azerbaijão (m)	आज़रबाइजान (m)	āzarabaijān
Arménia (f)	आर्मीनिया (m)	ārmīniya
Bielorrússia (f)	बेलारूस (m)	belārūs
Geórgia (f)	जॉर्जिया (m)	jorjiya
Cazaquistão (m)	कज़ाकस्तान (m)	kazākastān
Quirguistão (m)	किर्गीज़िया (m)	kirgīziya
Moldávia (f)	मोलदोवा (m)	moladova
Rússia (f)	रूस (m)	rūs
Ucrânia (f)	यूक्रेन (m)	yūkren
Tajiquistão (m)	ताजिकिस्तान (m)	tājikistān
Turquemenistão (m)	तुर्कमानिस्तान (m)	turkamānistān
Uzbequistão (f)	उज़्बेकिस्तान (m)	uzbekistān

150. Asia

Ásia (f)	एशिया (f)	eshiya
Vietname (m)	वियतनाम (m)	viyatanām
Índia (f)	भारत (m)	bhārat
Israel (m)	इस्त्रायल (m)	isrāyal
China (f)	चीन (m)	chīn
Líbano (m)	लेबनान (m)	lebanān
Mongólia (f)	मंगोलिया (m)	mangoliya
Malásia (f)	मलेशिया (m)	maleshiya
Paquistão (m)	पाकिस्तान (m)	pākistān
Arábia (f) Saudita	सऊदी अरब (m)	saūdī arab
Tailândia (f)	थाईलैंड (m)	thaīlaind
Taiwan (m)	ताइवान (m)	taivān
Turquia (f)	तुर्की (m)	turkī
Japão (m)	जापान (m)	jāpān
Afeganistão (m)	अफ़ग़ानिस्तान (m)	afagānistān
Bangladesh (m)	बांग्लादेश (m)	bānglādesh

Indonésia (f)	इण्डोनेशिया (m)	indoneshiya
Jordânia (f)	जॉर्डन (m)	jordan
Iraque (m)	इराक़ (m)	irāq
Irão (m)	इरान (m)	irān
Camboja (f)	कम्बोडिया (m)	kambodiya
Kuwait (m)	कुवैत (m)	kuvait
Laos (m)	लाओस (m)	laos
Myanmar (m), Birmânia (f)	म्यांमर (m)	myāmmar
Nepal (m)	नेपाल (m)	nepāl
Emirados Árabes Unidos	संयुक्त अरब अमीरात (m)	sanyukt arab amīrāt
Síria (f)	सीरिया (m)	sīriya
Palestina (f)	फिलिस्तीन (m)	filistīn
Coreia do Sul (f)	दक्षिण कोरिया (m)	dakshin koriya
Coreia do Norte (f)	उत्तर कोरिया (m)	uttar koriya

151. América do Norte

Estados Unidos da América	संयुक्त राज्य अमरीका (m)	sanyukt rājy amarīka
Canadá (m)	कनाडा (m)	kanāda
México (m)	मेक्सिको (m)	meksiko

152. América Central do Sul

Argentina (f)	अर्जेंटीना (m)	arjentīna
Brasil (m)	ब्राज़ील (m)	brāzīl
Colômbia (f)	कोलम्बिया (m)	kolambiya
Cuba (f)	क्यूबा (m)	kyūba
Chile (m)	चिली (m)	chilī
Bolívia (f)	बोलीविया (m)	bolīviya
Venezuela (f)	वेनेज़ुएला (m)	venezuela
Paraguai (m)	पराग्आ (m)	parāgua
Peru (m)	पेरू (m)	perū
Suriname (m)	सूरीनाम (m)	sūrīnām
Uruguai (m)	उरुग्वे (m)	urugve
Equador (m)	इक्वेडोर (m)	ikvedor
Bahamas (f pl)	बहामा (m)	bahāma
Haiti (m)	हाइटी (m)	haitī
República (f) Dominicana	डोमिनिकन रिपब्लिक (m)	dominikan ripablik
Panamá (m)	पनामा (m)	panāma
Jamaica (f)	जमैका (m)	jamaika

153. Africa

Egito (m)	मिस्र (m)	misr
Marrocos	मोरक्को (m)	morakko

Tunísia (f)	टयुनीसिया (m)	tyunīsiya
Gana (f)	घाना (m)	ghāna
Zanzibar (m)	ज़ँज़िबार (m)	zainzibār
Quénia (f)	केन्या (m)	kenya
Líbia (f)	लीबिया (m)	lībiya
Madagáscar (m)	मडागास्कार (m)	madāgāskār
Namíbia (f)	नामीबिया (m)	nāmībiya
Senegal (m)	सेनेगाल (m)	senegāl
Tanzânia (f)	तंज़ानिया (m)	tanzāniya
África do Sul (f)	दक्षिण अफ्रीका (m)	dakshin afrīka

154. Austrália. Oceania

Austrália (f)	आस्ट्रेलिया (m)	āstreliya
Nova Zelândia (f)	न्यू ज़ीलैंड (m)	nyū zīlaind
Tasmânia (f)	तास्मानिया (m)	tāsmāniya
Polinésia Francesa (f)	फ्रेंच पॉलीनेशिया (m)	french polīneshiya

155. Cidades

Amesterdão	एम्स्टर्डम (m)	emstardam
Ancara	अंकारा (m)	ankāra
Atenas	एथेन्स (m)	ethens
Bagdade	बगदाद (m)	bagadād
Banguecoque	बैंकॉक (m)	bainkok
Barcelona	बार्सिलोना (m)	bārsilona
Beirute	बेरूत (m)	berūt
Berlim	बर्लिन (m)	barlin
Bombaim	मुम्बई (m)	mumbī
Bona	बॉन (m)	bon
Bordéus	बोर्दी (m)	bordo
Bratislava	ब्राटीस्लावा (m)	brātīslāva
Bruxelas	ब्रसेल्स (m)	brasels
Bucareste	बुखारेस्ट (m)	bukhārest
Budapeste	बुडापेस्ट (m)	budāpest
Cairo	काहिरा (m)	kāhira
Calcutá	कोलकाता (m)	kolakāta
Chicago	शिकागो (m)	shikāgo
Cidade do México	मेक्सिको सिटी (f)	meksiko sitī
Copenhaga	कोपनहेगन (m)	kopanahegan
Dar es Salaam	दार-एस-सलाम (m)	dār-es-salām
Deli	दिल्ली (f)	dillī
Dubai	दुबई (m)	dubī
Dublin, Dublim	डब्लिन (m)	dablin
Düsseldorf	डसेलडोर्फ़ (m)	daseladorf
Estocolmo	स्टॉकहोम (m)	stokahom

Florença	फ़्लोरेंस (m)	florens
Frankfurt	फ़्रैंकफ़र्ट (m)	frainkfart
Genebra	जेनेवा (m)	jeneva
Haia	हेग (m)	heg
Hamburgo	हैम्बर्ग (m)	haimbarg
Hanói	हनोई (m)	hanoī
Havana	हवाना (m)	havāna
Helsínquia	हेलसिंकी (m)	helasinkī
Hiroshima	हिरोशीमा (m)	hiroshīma
Hong Kong	हांगकांग (m)	hāngakāng
Istambul	इस्तांबुल (m)	istāmbul
Jerusalém	यरूशलम (m)	yarūshalam
Kiev	कीव (m)	kīv
Kuala Lumpur	कुआला लुम्पुर (m)	kuāla lumpur
Lisboa	लिस्बन (m)	lisban
Londres	लंदन (m)	landan
Los Angeles	लॉस एंजेलेस (m)	los enjeles
Lion	लिओन (m)	lion
Madrid	मेड्रिड (m)	medrid
Marselha	मासेल (m)	mārsel
Miami	मियामी (m)	miyāmī
Montreal	मांट्रियल (m)	māntriyal
Moscovo	मॉस्को (m)	mosko
Munique	म्यूनिख़ (m)	myūnikh
Nairóbi	नैरोबी (m)	nairobī
Nápoles	नेपल्स (m)	nepals
Nice	नीस (m)	nīs
Nova York	न्यू यॉर्क (m)	nyū york
Oslo	ओस्लो (m)	oslo
Ottawa	ओटावा (m)	otāva
Paris	पेरिस (m)	peris
Pequim	बीजिंग (m)	bījing
Praga	प्राग (m)	prāg
Rio de Janeiro	रिओ डे जैनेरो (m)	rio de jainero
Roma	रोम (m)	rom
São Petersburgo	सेंट पीटरसबर्ग (m)	sent pītarasbarg
Seul	सियोल (m)	siyol
Singapura	सिंगापुर (m)	singāpur
Sydney	सिडनी (m)	sidanī
Taipé	ताइपे (m)	taipe
Tóquio	टोकियो (m)	tokiyo
Toronto	टोरोन्टो (m)	toronto
Varsóvia	वॉरसों (m)	voraso
Veneza	वीनिस (m)	vīnis
Viena	विएना (m)	viena
Washington	वॉशिंग्टन (m)	voshingtan
Xangai	शंघाई (m)	shanghaī

www.ingramcontent.com/pod-product-compliance
Lightning Source LLC
Chambersburg PA
CBHW070605050426
42450CB00011B/2989